常熟红色文物

中共常熟市委党史工作办公室
常熟市地方志编纂委员会办公室 编

苏州新闻出版集团
古吴轩出版社

图书在版编目（CIP）数据

常熟红色文物 / 中共常熟市委党史工作办公室，常熟市地方志编纂委员会办公室编. -- 苏州：古吴轩出版社，2023.4
ISBN 978-7-5546-2120-2

Ⅰ.①常… Ⅱ.①中… ②常… Ⅲ.①革命文物—介绍—常熟 Ⅳ.①K871.6

中国国家版本馆CIP数据核字（2023）第060132号

封面题字：秦　健
责任编辑：俞　都
见习编辑：万海娟
装帧设计：杨　洁
责任校对：李爱华
责任照排：杨　洁

书　　名：常熟红色文物
编　　者：中共常熟市委党史工作办公室
常熟市地方志编纂委员会办公室
出版发行：苏州新闻出版集团
古吴轩出版社
地址：苏州市八达街118号苏州新闻大厦30F
电话：0512-65233679　　邮编：215123
出 版 人：王乐飞
印　　刷：苏州市墨利印刷有限公司
开　　本：787×1092　1/16
印　　张：12.5
字　　数：185千字
版　　次：2023年4月第1版
印　　次：2023年4月第1次印刷
书　　号：ISBN 978-7-5546-2120-2
定　　价：68.00元

《常熟红色文物》
编纂委员会

主　编

潘志英

副主编

金国锋　归岳嶔　张　军

执行主编

张　军　刘品玉

编　委

陈建东　狄惠华　杨沁怡　李　妍

李明芳　汤　涵　姚永林

撰　稿

张　军　刘品玉　顾秋红　朱卫芳　吕惠峰

特约审稿

沈秋农

目　录

觉醒呐喊

抗日烽火

胜利号角

先辈遗物

觉醒呐喊

徐凤书日记及摘录稿本

徐凤书日记及摘录稿本

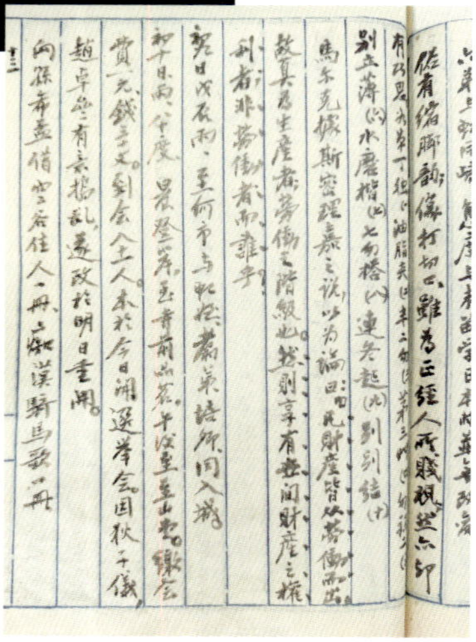

日记中关于马克思主义思想的记载

常熟图书馆藏。徐凤书有多部日记、杂记和摘录等文献收藏于该馆，与徐凤书学习和传播马克思主义思想直接相关的有两本，一本为《徐凤书日记》中的1册，纸质，封面蓝色，纵25厘米，横15厘米；另一本为《翰青节录杉山荣社会主义说》，纸质，封面灰色，纵20.1厘米，横13.1厘米。

记载马克思主义学说的这册《徐凤书日记》，记载日期为光绪二十七年（1901）五月至十月以及光绪三十三年正月至十二月。在光绪三十三年六月初六的日记中，徐凤书记载了当天前往何市虹隐楼，与刚从日本留学归国的族侄徐兆玮见面，就日本国的情况作了长谈之事，并在日记中写下："马尔克据斯密理嘉之说以为论曰：凡财产皆从劳动而出。故真为生产者，劳动之阶级也。然则享有世间财产之权利者，非劳动者而谁乎？"《翰青节录杉山荣社会主义说》（该书封面"杉"字误写成"彬"）是徐凤书的摘录笔记，杉山荣是日本宣传社会主义学说的社会学家，摘录内容就是他的著作《社会科学概论》。稿本开头为马克思和恩格斯的人物介绍，然后是从古代社会到雅典、罗马和俄国的实践再到马克思和恩格斯的社会科学。再后为内容和范畴：因果关系、因果法则、社会法则和自然法则、科学和实践、认识的形式、认识和现象、唯物论、辩证法、马克思的唯物论和辩证法之特质、生产力和生产关系、劳动、阶级关系和家族关系、社会组织和社会生活过程、法律制度、意识过程、唯物史观、东洋的社会（亚细亚社会）、古代的社会、封建的社会、市民的社会等。该摘录笔记没有署具体摘录时间，徐凤书摘录的杉山荣《社会科学概论》可能是族人留日归国时带回的。

徐凤书，字翰青，清同治十年（1871）出生于昭文县何市乡陈泾村（今常熟市支塘镇何东村）。早年曾考中秀才，21岁时赴上海技术专修学校学习。在上海，他通过组织建办东亚译书会和接办宗仰上人经营的《商务日报》，接触了大量西方、日本的进步文化和思想，开阔了眼界，他的思想因此得到了根本性的转变。徐兆玮年龄长于徐凤书，论辈分，徐凤书称其为族侄。光绪三十一年（1905），徐兆玮奉派赴日留学，参加同盟会，两年后回国。徐凤书在日记中记载的徐兆玮回国后两人日常交往的内容，正是发生在这段时间。日记中还出现了他学习马克思主义的记载。由此，徐凤书成为常熟有确切记载的最早读马恩著作的进步人士。

光绪二十八年（1902），徐凤书从上海返回常熟何市，致力于常熟乡村教育。徐凤书先是在家乡担任桂村初等小学堂校长。1912年，何市、东张、徐市、支塘、董沈5个乡在何市合办公立虞东高等小学，公推徐凤书为校长。第二年，县立第二高等小学设立，公立虞东高等小学并入，徐凤书又被聘为校长。他一改旧式私塾的做法，办起新式学校，因此受到广大农村学生及家长的广泛欢迎和支持。抗日战争全面爆发后，新四军东进苏南东路开展抗日斗争。1941年春，东路教育委员会在古里葑泾村创办了抗日学校江南中学，他被聘为校长，担负起培养抗日爱国学生的重任。据粗略统计，在他46年的办学经历中，他出任过9至10任校长，培养了众多人才，其中不少人走上革命道路。常熟早期共产党人陈景福（即陈震寰），烈士石楚材，著名教育家、爱国人士陈旭轮等都曾是他的学生。

徐凤书不仅兴办新式乡村教育，同时也是一位爱国志士。1939年11月6日，江南抗日义勇军东路司令部（简称“新江抗”）在常熟唐市成立。新江抗成立后不久转移到何市，司令员夏光在何市邀集何市各界人士举行联欢会，徐凤书作为代表到会。1940年6月上旬，谭震林在何市四面厅召开各阶层人士座谈会，分析国际和国内形势，宣传党的抗日民族统一战线政策，号召广大人民团结一心、坚持抗战。徐凤书深受谭震林讲话的启发，更加坚定了抗日救国的决心。1940年8月2日，常熟县人民抗日自卫会第一次代表大会召开，正式成立常熟县人民抗日自卫会，徐凤书被推选为监察委员会副主席。是年9月，何市区人民抗日自卫会成立，选举徐凤书为主席。常熟县人民抗日自卫会成立后，徐凤书积极参与工作，并协助自卫会陆续制定和颁布了一系列法规与条例。不久，徐凤书又当选为江南行政委员会委员。1941年1月，中共江南特委主办的《大众报》派记者采访了徐凤书，并写了《记东路老人》一文对徐凤书的抗日事迹进行报道。

1941年7月，日伪发动“清乡”运动，何市为“清乡”重点地区。徐凤书坚守战斗岗位，多次掩护抗日将士，为抗日政权筹集粮款和药品，甚至带头将部分家产变卖，充实抗日经费。是年8月，徐凤书遭敌人逮捕，被关押在太仓县沙溪镇宪兵队长达半个多月，后被保释出狱。

1945年抗日战争胜利后，中共何项区委成立，徐凤书任区长。1945年11月，苏常太抗日武装根据国共双方签订的《双十协定》渡江北撤，何项区政府在徐凤书的带领下，组织群众开展支前工作，购置医疗卫生用品，运往苏北，支援共产党部队。解放战争开始后，徐凤书多次筹集经费和购置医药用品支持革命。

1949年10月，徐凤书出席常熟县第一届各界人民代表会议第一次会议，被推举为主席团成员。徐凤书认真参政议政，积极提出意见和建议，并致大会闭幕词。同月，徐凤书作为常熟籍代表之一，应邀出席在无锡召开的苏南区第一届各界人民代表会议第一次会议。后来，徐凤书又出席了第二次会议。1952年12月，徐凤书在常熟何市陈泾老宅走完了他曲折传奇的一生，享年82岁。

徐凤书的一生，历经晚清、民国和新中国。他毕生追求真理，向往进步，始终追随时代发展的潮流，在学习传播马克思主义学说等进步思想文化、兴办学校教育、发展社会公益事业等方面做出了不凡的成绩，是常熟知名的爱国民主人士。

五四爱国运动救亡宣传品《救国良方》

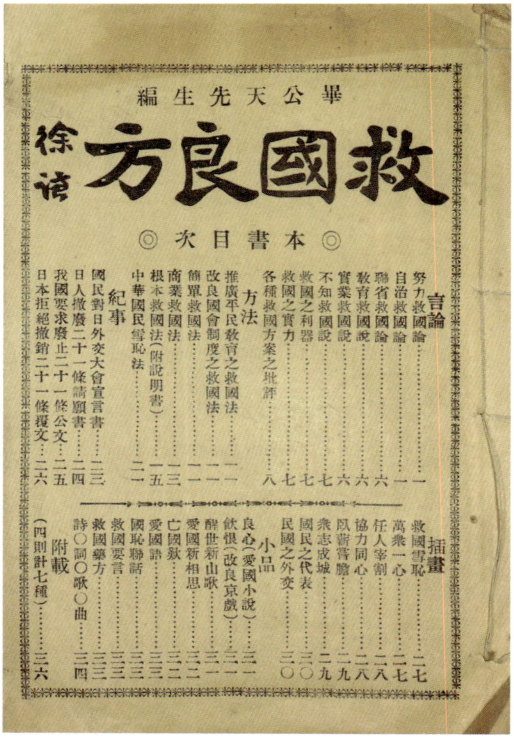

《救国良方》

常熟博物馆藏。纵19.5厘米，横13.1厘米。编者毕公天，书中记录了救国言论和方法，以及我国要求撤废“二十一条”的请愿书等内容。封面下方为本书目次，分为言论、方法、纪事、插画、小品、附载六个篇目。其中纪事篇目刊登了《国民对日外交大会宣言书》《日人撤废二十一条请愿书》《我国要求废止二十一条公文》《日本拒绝撤销二十一条覆文》。封底：民国十三年三月（1924年3月）初版印行。选辑者：虞山毕公天。校订者：吴县邹嘉民。发行者：上海文友社。

1919年，五四运动在北京爆发，消息传到常熟，常熟青年随之响应，并成为推动常熟开展反帝爱国运动的中坚力量。5月27日，教育会、商会、农会等群众团体在石梅公共体育场召开有数千人参加的大会，宣布成立全国国民大会常熟部（简称“常熟国民大会”）。第二天，学生联合会成立。6月21日，成立中国学生联合会常熟支会，常熟城乡出现大批反帝爱国团体。这些团体成立以后，到处集会演讲，出版刊物，宣传爱国救亡，声援北京学生。常熟各界在五四运动中所激发出来的反帝爱国热情，在常熟历史上前所未有，揭开了常熟人民反帝反封建斗争历史新的一页。《救国良方》即为这一时期常熟爱国人士编印的宣传书籍。

《救国良方》的编者毕公天出生于晚清，是民国早期知名的编辑、爱国人士。他一生事业涵盖著书、编书、编刊等多个方面，且各项工作都体现了他强烈的爱国热情与积极的社会责任感，有“名满海内之文学巨子”（《申报》1918年10月26日，第1版）的称誉。清宣统二年（1910），为上海广益书局精校《监本易经》。辛亥革命爆发后，曾任《苏州日报》主笔。1914年，为上海沪报馆编辑《慕侠丛纂》，次年编《趣海》，校订《江苏各校国文成绩精华》，著《辱国春秋》，揭露中日“二十一条”交涉失败真相，被誉为“血性文章血性人”。被上海书业公所特聘为大型历书《国民快览》主任编辑，并对其扩充篇幅，改良内容，时人曾评论它“材料丰富，体例精详”，大为畅销。次年兼任上海《新舞台日报》总撰述。1921年，评选编刊《全国学校国文成绩大观》。1930年，《国民快览》被内政部查禁，次年，毕公天被新民书局聘为《新民快览》主编。编著有《青年谋生锦囊》。

五四运动期间的《常熟学生联合会间日刊》

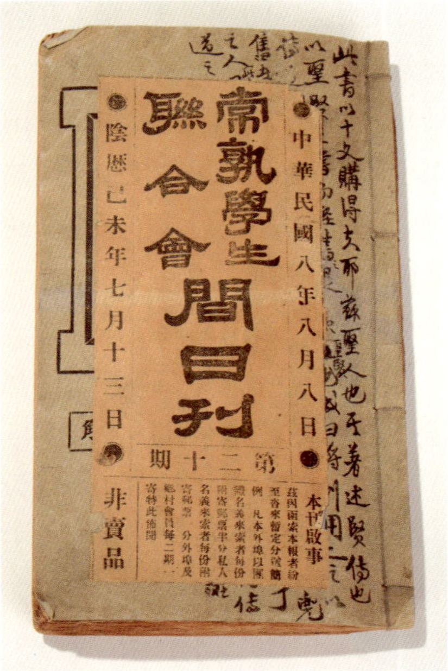

《常熟学生联合会间日刊》

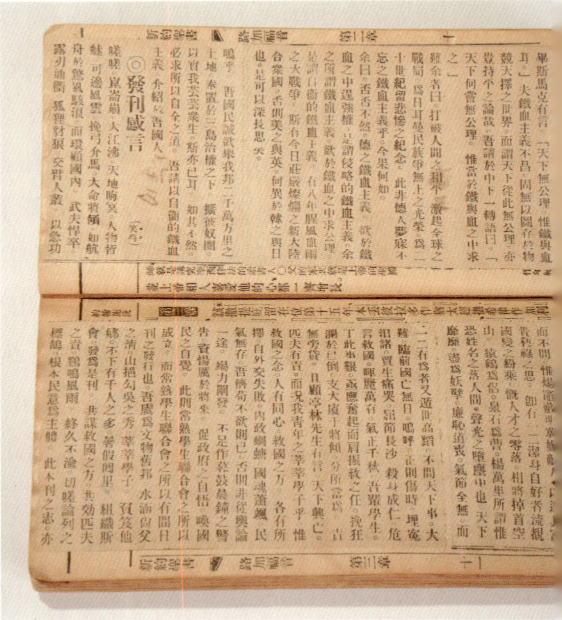

《常熟学生联合会间日刊》内文

常熟博物馆藏。纵20.3厘米，横12厘米。此刊被剪贴在一册名为《新约圣书》的宗教书籍中，封面粘贴《常熟学生联合会间日刊》刊头：中华民国八年八月八日（1919年8月8日），阴历己未年七月十三日，第十二期。正文内页粘贴着一篇篇长短不一的文章，共五六万字。

五四运动期间，常熟的学生联合会（全称为“中国学生联合会常熟支会”，也有人称之为“中华民国学生联合会常熟支会”）于1919年6月21日在当时的县立图书馆召开了隆重的成立大会。常熟学生联合会是以回常的旅外大、中学生为主体的爱国团体，在常熟支持五四运动的活动中发挥了中流砥柱的作用，《常熟学生联合会间日刊》就是该会会刊。

《常熟学生联合会间日刊》十分珍贵。一是保存了常熟学生联合会的一些重要文献。《常熟学生联合会间日刊》上刊载了《常熟学生联合会章程》《常熟学生联合会宣言书》《间日刊发刊辞》《致本会全体会员书》《常熟学生联合会商业义务夜校草章》《赴（南）通报告书》等，以及南京学生联合会、苏州学生联合会、太仓县沙溪恒志救国团、常熟县教育会、《常熟日日报》、《虞阳日报》、常熟救国少年团、北京清华学校代表团团长吴泽霖以及杨毅庵、陈惺轩、归子迈等人祝贺《常熟学生联合会间日刊》创刊的贺词。二是保存了学生联合会成员撰写的文章。有《求学与救国》（作者醒狮）、《今后学生的责任》（作者西樵）、《为处置积存日货事敬告本邑商会》（作者水村）、《为什么抵制日货》（作者蒋风梧）、《我之国耻谈》（作者侠亚）、《不签字后国民应该有什么态度》（作者醒狮）、《怎样抵制日货》（作者雄飞）、《常熟教育要革新》（作者醒狮）、《常熟教育界要革新》（作者旦）、《读五九痴姊姊所著〈吾之加入学生联合会〉》（作者秀华）、《快些儿兴办社会教育》（作者醒狮）、《敬告吾邑之实业界》（作者雄飞）、《学生如何可以救国》（作者规）、《此后之利害安危唯国民能力是视》（作者子迈）、《论女子之责任》（作者寄沤）、《卫身与卫国》（作者侠亚）、《说国权》（作者庞淮）、《女青年》（作者悼兰）、《良心救国》（作者陈亮轩）等。从《常熟学生联合会间日刊》上的文章的署名来看，作者队伍不小，其中有一些作者后来成为从常熟走出的名人，如著名社会学家、民族学家吴泽霖，教育家陈旭轮（署名“旦”，他本名陈旦）等。常熟学生联合会当时的会长浦薛凤起草了《本会宣言书》和《致本会全体会员书》，后来他也成为一位杰出的教育家和政治家。有一位署名为“醒狮”的撰文最多，达29篇。这些文献资料对研究五四运动时期的常熟学生联合会的活动具有重要价值。

五四运动期间的反日宣传品
——《宁作玉碎》《警告同胞》

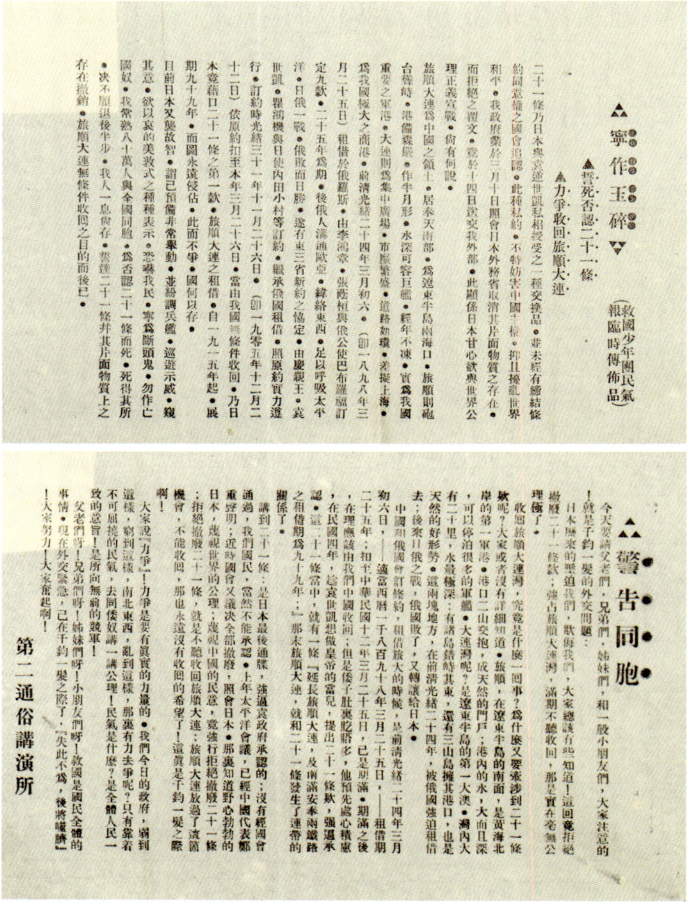

寧作玉碎

（救國少年團民氣報臨時傳佈品）

▲誓死否認二十一條

▲力爭收回旅順大連

二十一條乃日本與袁逆世凱私相授受之一種交換品。並未經有締結條約同意權之國會追認。此種私約。不特妨害中國主權。抑且擾亂世界和平。我政府業於三月十日照會日本外務省取消其片面物質之存在。而拒絕之覆文。竟於十四日送交我外部。此顯係日本甘心欲與世界公理正義宣戰。尙有何說。

旅順大連爲中國之領土。居奉天南部。爲遼東半島兩海口。旅順則砲台聳峙。港備森嚴。作半月形。水深可容巨艦。經年不凍。實爲我國重要之軍港。大連則爲集中廣場。市廛繁盛。道路如環。差擬上海。爲我國極大之商港。前淸光緒二十四年三月初六。（卽一八九八年三月二十五日）租借於俄羅斯。由李鴻章。張蔭桓與俄公使巴布羅福訂定九款。二十五年爲期。後俄人溝通歐亞。緯絡東西。足以呼吸太平洋。日俄一戰。俄敗而日勝。遂有東三省新約之協定。由慶親王。袁世凱。瞿鴻機與日使內田小村等訂約。繼承俄國租借。照原約實力遵行。訂約時光緒三十一年十一月二十六日。（卽一九零五年十二月二十二日）依原約扣至本年三月二十六日。當由我國無條件收回。乃日本竟藉口二十一條之第一款。旅順大連之租借。自一九一五年起。展期九十九年。而圖永遠侵佔。此而不爭。國何以存。

日前日本又襲故智。謂已預備非常舉動。並紛調兵艦。巡遊示威。窺其意。欲以哀的美敦式之種種表示。恐嚇我民。寧爲斷頭鬼。勿作亡國奴。我常熟八十萬人與全國同胞。爲否認二十一條而死。死得其所。決不願退後半步。我人一息尙存。誓達二十一條并其片面物質上之存在撤銷。旅順大連無條件收回之目的而後已。

警告同胞

今天要請父老們，兄弟們，姊妹們，和一般小朋友們，大家注意的！就是千鈞一髮的外交問題：

日本歷來的壓迫我們，欺侮我們，大家總該有些知道！這回竟拒絕撤廢二十一條款；強占旅順大連灣，滿期不聽收回，那是實在毫無公理極了。

收回旅順大連灣，究竟是什麼一回事？爲什麼又要牽涉到二十一條款呢？大家或者沒有詳細知道。旅順，在遼東半島的南面，是黃海北岸的第一軍港。港口二山交抱，成天然的門戶；港內的水，大而且深，可以停泊很多的軍艦。大連灣呢？是遼東半島的第一大澳。灣內大有二十里，水量極深；有諸島錯峙其東，還有三山島擁其港口，也是天然的好形勢。這兩塊地方，在前清光緒二十四年，被俄國強迫租借去；後來日俄之戰，俄國敗了，又轉讓給日本。

中國和俄國曾訂條約，租借旅大的時候，是前清光緒二十四年三月初六日，——適當西曆一千八百九十八年三月二十五日，——租借期二十五年；扣至中華民國十二年三月二十五日，已是期滿。期滿之後，在理應該由我們中國收回；但是倭子肚裏肐賭多，他預先處心積慮，在民國四年，趁袁世凱想做皇帝的當兒，提出二十一條款，強逼承認。這二十一條當中，就有一條『延長旅順大連，及南滿安奉兩鐵路之租借期爲九十九年；』那末旅順大連，就和二十一條發生了連帶的關係了。

講到二十一條：是日本最後通牒，強逼袁政府承認的；沒有經國會通過，我們國民，當然不能承認。上年太平洋會議，已經中國代表鄭重聲明；近時國會又議決全部撤廢，照會日本。那裏知道野心勃勃的日本，蔑視世界的公理；蔑視中國的民意，竟強行拒絕撤廢二十一條；拒絕撤廢二十一條，就是不聽收回旅順大連；旅順大連放過了這個機會，不能收回，那也永遠沒有收回的希望了！這眞是千鈞一髮之際啊！

大家說『力爭』！力爭是要有眞實的力量的。我們今日的政府，弱到這樣，窮到這樣，南北東西，亂到這樣，那裏有力去爭呢？只有靠着不可屈撓的民氣，去同倭奴講一講公理！民氣是什麼？是全體人民一致的意旨！是所向無前的義軍！

父老們呀！兄弟們呀！姊妹們呀！小朋友們呀！救國是國民全體的事情。現在外交緊急，已在千鈞一髮之際了。『失此不爲，後將噬臍』！大家努力！大家奮起啊！

第二通俗講演所

反日宣传品《宁作玉碎》《警告同胞》

常熟博物馆藏。纵20.7厘米，横30厘米，1919年印制。《宁作玉碎——誓死否认二十一条 力争收回旅顺大连》为救国少年团《民气报》临时传布品。《警告同胞》是由第二通俗讲演所发布的讲稿。两篇稿件内容均抨击了日本的侵略野心，呼吁市民、父老乡亲支持废除“二十一条”，反对日本侵略，收回旅顺、大连两处租借地，号召群众抗争。

五四运动期间，常熟城区各校学生举行声援活动。“二十一条”是日本帝国主义妄图独占中国的秘密条款。1915年，由日本向袁世凯政府提出，企图把中国的领土、政治、军事及财政等都置于日本的控制之下，由于全国上下反对，袁世凯与日方签订了条款减少的《中日民四条约》。1919年巴黎和会上，中国要求取消“二十一条”，却遭拒绝，成为引发五四运动的原因之一。

巴黎和会的情况和北京学生惨遭镇压的消息传到常熟后，激起了各界人士的极大抗议。常熟城区各校学生举行了声援活动，并成立救国十人团、演讲社、救国少年团等反帝爱国团体，到处集会演讲，发放醒世画、传单等，激起了常熟人民的爱国热情。这两件文物均为当年宣传反对帝国主义侵略而印制的宣传品，反映了常熟人民反帝反封建意识的觉醒。

萧楚女致陈景福的明信片

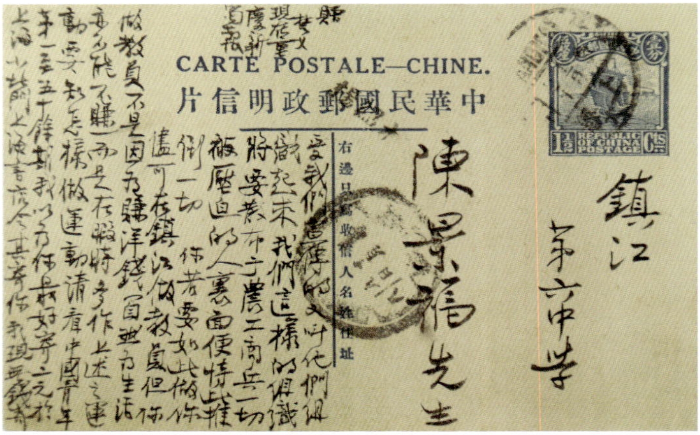

萧楚女致陈景福的明信片正面

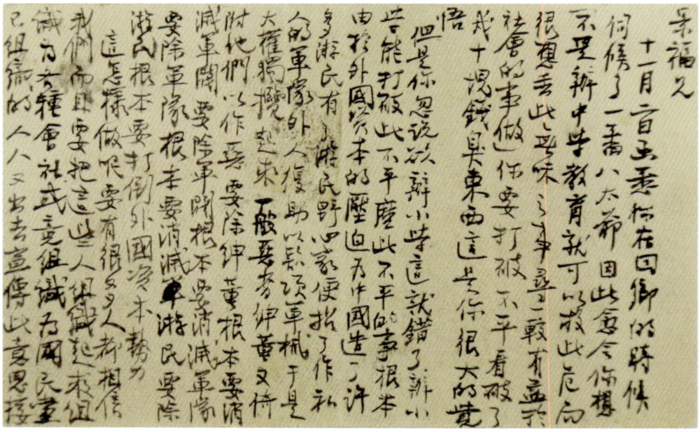

萧楚女致陈景福的明信片背面

常熟市档案馆藏。纵8.8厘米，横13.8厘米，正面印有“中华民国邮政明信片”中法文字样，右上角是印有“帆船远航”图案的一分五厘的邮资。正面右半部分写着收信人地址和姓名：“镇江第六中学　陈景福先生”，左半部分是接反面信件正文的后半部分，上部为文末署名：“楚女　现在重庆新蜀报”；反面是信件正文的前半部分，以“景福兄”开头，行文从上到下，从右至左。明信片原文如下：

景福兄：

十一月二日函悉，你在回乡的时候，伺候了一番八太爷，因此愈令你想“不是办中学教育就可以救此危局，很想丢此无味之事，寻一较有益于社会的事做”。你要打破不平，看破了几十块钱臭东西，这是你很大的觉悟。

但是，你忽说欲办小学，这就错了。办小学能打破此不平么？此不平的事，根本由于外国资本的压迫，为中国造了许多游民。有了游民，野心家便招了作私人的军队，外人复助以款项、军械，于是大权独揽起来，一般恶劣绅董又倚附他们以作恶。要除绅董，根本要消灭军阀；要除军阀，根本要消灭军队；要除军队，根本要消灭游民；要除游民，根本要打倒外国资本势力。

这怎样做呢？要有很多人都相信我们，而且要把这些人组织起来，组织为各种会社或竟组织为国民党。已组织的，人人又出去宣传此意思；接受我们宣传的，又叫他们组织起来。我们这样的组织将要散布于农工商兵一切被压迫的人里面，便恃此推倒一切。

你若要如此做，你尽可在镇江做教员。但你做教员，不是因为赚洋钱（自然为生活亦不能不赚），而是在暇时多作上述之运动。要知怎样做运动，请看《中国青年》第一至五十余期。我以为你最好寄二元于上海小北门上海书店，令其寄你，我现无钱寄赠。

楚女

现在重庆新蜀报

萧楚女（1893—1927），湖北汉阳（今武汉市汉阳区）人。曾与恽代英一起主编《中国青年》、在广州协助毛泽东编辑《政治周报》，曾任广州农民运动讲习所专职教员、黄埔军校政治教官。参加过武昌起义、五四运动。1927年4月，在广州南石头监狱被国民党杀害。他是中国共产党早期青年运动领导人之一，是中国共产党优秀理论家、中国青年的良师益友。他的名言“人生应该如蜡烛一样，从顶燃到底，一直都是光明的”正是他的真实写照。被评为“100位为新中国成立作出突出贡献的英雄模范人物”之一。

陈震寰（1895—1941），原名陈景福，江苏常熟人。早年在重庆、安徽等地任教，他与恽代英、萧楚女等人交往甚密。陈震寰在萧楚女的介绍下加入中国共产党，是早期的常熟籍共产党员之一。

这张明信片，是1924年11月萧楚女任重庆《新蜀报》主笔时写给陈景福（即陈震寰）的。当时陈震寰在镇江第六中学做体育教员。信的主要内容是萧楚女针对陈震寰想辞去中学教职而去办小学拯救社会的想法进行了劝解，进而分析了中国社会不平的根本原因就是帝国主义、外国资本对中国的掠夺以及军阀的黑暗统治，信中也指出了推翻军阀统治以及外国资本势力的方法。这张明信片，见证了陈震寰与萧楚女关于救国救民方式的思想交流，是研究两位人物革命思想的珍贵文物，具有较高的历史文献价值。

1980年10月初，在苏州工作的陈震寰烈士之子陈大平发现了这张明信片，他将这事告诉了父亲的老战友、曾任新六梯团政治主任、时任江苏省政协副主席的周文在，周文在随即将此事函告中共常熟县委征集革命文史办公室（后改称“中共常熟市委党史工作办公室”）。同月8日，文史办派人赴苏州将这件极为珍贵的革命文物征集到手。此后，市委党史工作办公室将此明信片转交给常熟市档案馆珍藏。

记载五卅运动的《民气·大流血惨案专号》

《民气·大流血惨案专号》题字

《民气·大流血惨案专号》内文

常熟博物馆藏。纵19厘米，横14厘米。铅印16开本，1925年9月7日由常熟市民对日外交大会编印，共116页，所载文字近8万字，记述了常熟各界在五卅运动中的一系列活动。

1925年上海五卅惨案发生后，革命风暴迅速席卷全国。常熟城乡各界人士也纷纷行动起来，成立“五卅惨案后援会”“协济沪工团”等组织，声援上海学生、工人斗争。常熟市民对日外交大会于1923年成立，在五卅运动中，它是常熟城区各界统一的联合组织。五卅惨案发生后两天，常熟市民对日外交大会即印发传单并致函各社团、学校，呼吁各界人士联合起来，同帝国主义抗争，并致电江苏省省长：“印捕枪杀学生，民情悲愤，乞严重抗争，以保国权。”6月7日，“五卅惨案后援会”组织城区市民在石梅公共体育场举行“声援沪案大会”，到会5000人以上。为支援上海工人罢工，6月19日，常熟市民对日外交大会又决定每晚在石梅公共体育场、老县场等地举行演讲。7月25日，常熟市民对日外交大会和学生联合会、教育会、商会及各业代表60多人发起召开追悼沪、汉、粤、川等地在反帝斗争中死难人员的大会，4000多人到会，下半旗志哀。9月7日，外交大会出版《民气·大流血惨案专号》专刊，记载五卅运动期间常熟各界的一系列活动，对帝国主义、封建主义与军阀的勾结等事，也作了详细阐述。

《民气报》于1923年3月24日创刊。4开，不定期印制，免费赠阅。编辑主任为沈振公，发行处设会元坊“救国少年团部”。该报视“救国”为“唯一之宗旨”，内容以宣传抗日救国为主，用语激昂慷慨。沈振公（？—约1951），常熟人。后更名公正，以号行。上海雷士德学校高中毕业，曾任常熟《自由日报》主任编辑。1922年任《爱克司光报》及《新声报》主任编辑，次年任救国少年团主办的《民气报》编辑、《礼拜一》名誉编辑，1924年任《市乡报》编辑。1925年上海五卅惨案发生后，他积极组织沪案后援会，当选常熟市民对日外交大会总务委员，主编《民气·大流血惨案专号》及《新年之花》专刊。1927年，任公余俱乐部总干事，次年任《逍遥游公园日报》特约撰述、《新自由》报名誉编辑。1929年创办《常熟商报》，次年任《自由日报》主任编辑兼副刊《自由花》主编之一。1931年任《商报》编辑、主编。抗战时期曾任商务印书馆编辑，后赴北京兼管常昭会馆。

《民气·大流血惨案专号》出刊词写道："本会追随于爱国诸君子者，未敢一步落后。宗容片刻偷安……更有言者，各地惨案经过之事实，诸烈为国流血之丰功，宜有永久之纪念。本刊于此二点，特别重视，不敢计篇幅也。为八十万人喉舌，作常熟对外露布，本刊何敢让乎！"该书在内容上主要有以下三个部分：一是介绍上海、汉口、沙基（广东）、重庆、下关（南京）诸地连续发生的帝国主义分子残害我国同胞之惨案情况，以及刊载上海总工会、总商会、学生联合会联合向帝国主义政府提出的13项交涉条件。二是详细地记述常熟五卅运动中的一些事：6月7日在石梅公共体育场召开有5000人参加的声援沪案之市民大会和大游行；7月25日由常熟市民对日外交大会、商会、学生联合会、教育会在老城隍庙后宫联合召开追悼沪、汉、粤、川死难同胞大会，以及"协济沪工团"等组织的募捐活动和演讲团宣传活动之情况。三是收录机关、商业、教育、宗教、新闻等各界和不少邑中名士的大量追悼死难同胞的祭文、挽诗、挽联、散文，言辞皆悲壮激昂，极其感人。其中有瞿启甲的"一息尚存"、赵石的"正气塞天"、丁芝孙的"壮我山河"、钱南铁的"万众一心"、徐枕亚的"横励无前"、黄谦斋的"民气"等墨迹题词。

悼念周水平烈士的宣传品

江陰農民運動領袖
周水平烈士
中國濟難會全國總會印

悼念周水平烈士的宣传品正面

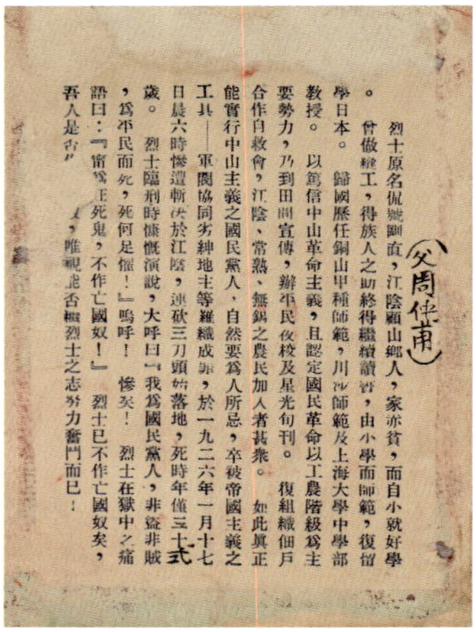
（父周倬甫）
烈士原名侃號剛直，江陰顧山鄉人，家亦貧，而自小就好學。曾做織工，得族人之助終得繼續讀書，由小學而師範，復留學日本。歸國歷任銅山甲種師範，川沙師範及上海大學中學部教授。以篤信中山革命主義，且認定國民革命以工農階級爲主要勢力，乃到田間宣傳，辦平民夜校及星光旬刊。復組織佃戶合作自救會，江陰、常熟、無錫之農民加入者甚衆。如此眞正能實行中山主義之國民黨人，自然要爲人所忌，卒被帝國主義之工具——軍閥協同劣紳地主等羅織成罪，於一九二六年一月十七日晨六時慘遭斬決於江陰，連砍三刀頭始落地，死時年僅三十式歲。烈士臨刑時慷慨演說，大呼曰『我爲國民黨人，非盜非賊，爲平民而死，死何足懼！』嗚呼！慘矣！烈士在獄中之痛語曰：『甯爲王死鬼，不作亡國奴！』烈士已不作亡國奴矣，吾人是否[illegible]，唯視能否繼烈士之志努力奮鬥而已！

悼念周水平烈士的宣传品背面

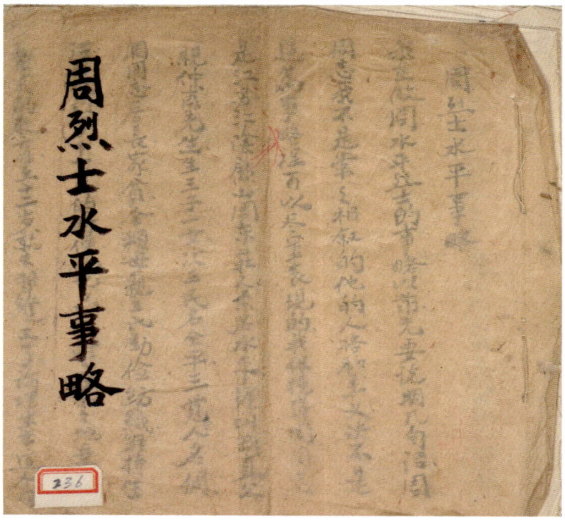
周烈士水平事略

侯绍裘撰写的《周烈士水平事略》手抄本

常熟博物馆藏。宣传品纵13.5厘米、横10厘米，正面中间印有周水平烈士身穿西服、头戴礼帽的风华正茂的半身像照，上端题字是“江阴农民运动领袖周水平烈士”，下端题字为“中国济难会全国总会印”，背面记述烈士生平，全文如下：

烈士原名侃，号刚直，江阴顾山乡人。家赤贫，而自小就好学。曾做缝工，得族人之助终得继续读书。由小学而师范，复留学日本。归国历任铜山甲种师范、川沙师范及上海大学中学部教授。以笃信中山革命主义，且认定国民革命以工农阶级为主要势力，乃到田间宣传，办平民夜校及《星光》旬刊，复组织佃户合作自救会，江阴、常熟、无锡之农民加入者甚众。如此真正能实行中山主义之国民党人，自然要为人所忌，卒被帝国主义之工具——军阀协同劣绅地主等罗织成罪，于一九二六年一月十七日晨六时惨遭斩决于江阴。连砍三刀头始落地，死时年仅三十二岁。烈士临刑时慷慨演说，大呼曰：“我为国民党人，非盗非贼，为平民而死，死何足惧？”呜呼！惨矣！烈士在狱中之痛语曰：“宁为枉死鬼，不作亡国奴矣！”烈士已不作亡国奴矣，吾人是否作亡国奴，唯视能否继烈士之志努力奋斗而已！

《周烈士水平事略》，撰者侯绍裘。侯绍裘（1896—1927），字墨樵，晚清松江（今属上海）人，1923年加入中国共产党。他参与了五卅运动的发起和组织工作，成为上海及江苏群众运动中有影响力的领导人之一。1925年，他秘密主持建立了苏州第一个中共组织——中共苏州独立支部。《周烈士水平事略》是侯绍裘于1926年4月在苏州乐益女中时所撰，记载了周水平短暂的一生。常熟博物馆所藏的这份抄件是周水平父亲周仲甫于1956年抄写的，文后另有周水平和其配偶夏静波的生平及埋葬地点等信息。

周水平（1894—1926），出生于江阴顾山，号刚直，又名树平，他是中国农民运动的先驱。1915年考入无锡省立第三师范讲习班，1918年留学日本东京。他痛感弱国无外交、救国须救民，1921年回国后开办平民夜校，在江阴、无锡、常熟一带开展农民运动。

1925年9月，四乡虫害严重，收成锐减，农民还要缴纳租米。周水平发动农民成立佃户合作自救会，得到广大农民的强烈拥护。11月，周水平在顾山沈舍里、常熟野八庙等处作讲演，号召农民参加佃户合作自救会，同土豪劣绅斗争，并提出当年租额要减轻25%。江阴、无锡、常熟三县农民纷纷入会，人数达数千人。周水平领导的农民斗争触动了地方豪绅的利益，被三县的地主豪绅联名控告“宣传赤化，鼓吹共产”。11月18日，周水平被军阀孙传芳下令逮捕，佃户合作自救会亦被强行解散。1926年1月17日，周水平以“宣传赤化罪”被杀害于江阴县城的市桥北堍。

周水平牺牲的消息传出后，广大农民群众悲痛欲绝。周水平的牺牲唤醒了农民的斗志，位于三县交界的顾山地区的农民斗争不断高涨。惨案带给常熟的影响尤为巨大，激起了民愤。进步青年和农民群众提出了“为周水平报仇”的口号，认为要救中国必须“打倒列强，打倒军阀”和“打倒土豪劣绅”，进行反帝反封建的斗争。毛泽东在1926年10月出版的《向导》周报上，发表了《江浙农民的痛苦及其反抗运动》，文中介绍了周水平的事迹。2009年9月，周水平烈士入选“50位为新中国成立作出突出贡献的江苏英雄模范人物”。

邵松年书“亦爱庐”横幅

邵松年书“亦爱庐”横幅

“亦爱庐”匾额的书法原件收藏于常熟博物馆，纸本，画心纵25.5厘米，横76.7厘米。作者邵松年（1848—1924），字伯英，号息盦，江苏常熟人。光绪九年（1883）进士，授翰林院编修。光绪十七年任河南学政，光绪二十一年归田省母，光绪三十四年任常昭县自治筹备公所所长，1917年任《常昭合志》协修。邵松年擅长书法，尤精小楷，能画，笔墨娴雅，为时人所好，时中华书局董事、美术部主任高野侯为其辑印《邵松年小楷》流传于世。“亦爱庐”横幅，落款处分别粘贴一枚白文方印“邵松年印”和一枚朱文方印“息盦六十以后书”。

亦爱庐位于常熟古城区辛峰巷（今虞山街道通江路11号），为曾氏族人曾雍孙之书斋，书斋匾额“亦爱庐”为邵松年书。曾雍孙为李强（原名曾培洪）堂侄。1926年初，李强受党组织的指派回到常熟，发展曾雍孙为共青团员。当年2月11日，在曾雍孙家的书斋——亦爱庐内，共产党员李强、周文在和共青团员曾雍孙、王耕英秘密集会，宣告成立中共常熟特别支部。特别支部成立后，这里成为特别支部开展革命活动的场所，书斋北窗西侧设有特制夹层壁橱，外层放一般书籍作为掩护，内层则秘藏革命书刊。李强经常在此给大家上党课、教唱《国际歌》等，传播共产主义思想，不少早期的党团员在此活动。1982年11月，亦爱庐被常熟县人民政府公布为县文物保护单位。2019年，亦爱庐所在曾氏旧宅建成中共常熟党史馆暨李强革命历程展示馆。

曾培洪（李强）写给林育南的信

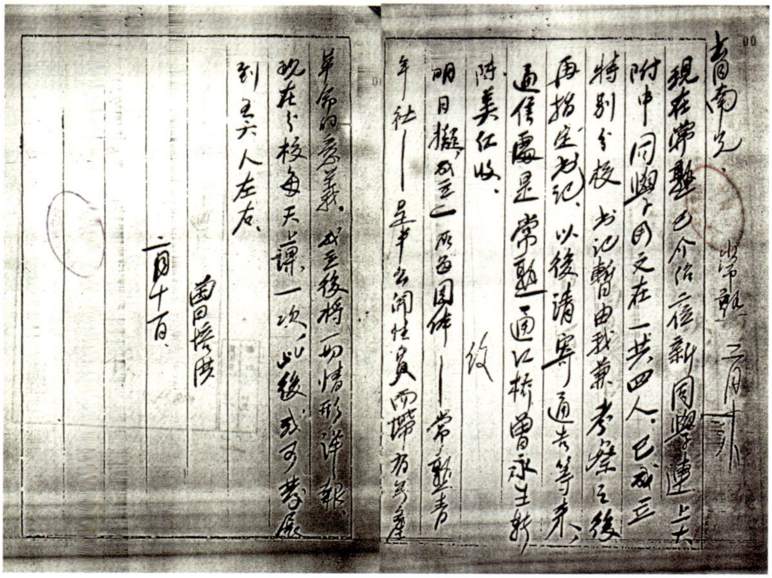

曾培洪（李强）写给林育南的信（复制件）

文物原件收藏于上海市档案馆，该封信共2页，单页纵24.8厘米，横15.8厘米。以毛笔字书写，以“育南兄”开头，行文从上到下，从右至左。信上盖有红色和紫色2枚钤印，印文都是“上海市档案馆复制件”。该信是1926年2月常熟第一个党组织——中共常熟特别支部成立后，支部书记曾培洪（后改名李强）向上级（林育南）报告有关特别支部成立及组成成员、近期打算和学习情况的信件。该信简明扼要，写信日期就是特别支部成立日——1926年2月11日。

该信全文如下：

育南兄：　　常熟二月

现在常熟已介绍二位新同学，连上大附中同学周文在一共四人，已成立特别分校，书记暂由我兼，考察之后，再指定书记，以后请寄通告等来，通信处是常熟通江桥曾永生转陈美红收。

致

明日拟成立一灰色团体——常熟青年社——是半公开性质而带有无产革命的意义，成立后将一切情形详报，现在分校每天上课一次，此后或可开展到五六人左右。

曾培洪

二月十一日

李强（1905—1996），原名曾培洪，江苏常熟人，久经考验的共产主义战士、无产阶级革命家、科学家和经济专家，是中国外经贸事业的先驱，在七十多年的革命生涯中，他在科研、军工生产、广播电讯和外经贸等领域做了许多奠基性和开创性工作，把毕生的心血和精力都奉献给了中国的革命、建设和改革开放事业。他在1926年创建了常熟的第一个中共党组织。

1925年五卅运动后，大革命逐渐进入高潮。中共江浙区委决定派一些旅沪的共产党员学生利用寒假回乡建立党组织。1926年初，中共江浙区委书记罗亦农派李强回常熟建立党的组织。李强回到常熟，找到小学同学、同是共产党员的周文在，发展曾雍孙以及王耕英两人加入共青团。1926年2月11日，在曾雍孙家的书斋——亦爱庐内，共产党员李强、周文在和共青团员曾雍孙、王耕英秘密集会，宣告成立中共常熟特别支部，这是一个党团混合组织。中共常熟特别支部的建立，是中国共产党领导常熟革命的起点。常熟党组织成立后，李强写了这封信给林育南，报告常熟党组织成立的情况。

林育南（1898—1931），湖北黄冈人，中国共产党早期领导人之一，长期从事中国工人运动。曾任中华全国总工会上海办事处秘书长、中共湖北省委代理书记、全国苏维埃代表大会中央准备委员会秘书长等职。1921年7月16日，与恽代英等成立共产主义性质的革命团体——共存社。中共一大后，恽代英、林育南宣布解散共存社，加入中国共产党，成为职业革命家。1927年5月，在中共五大上当选为候补中央委员。1931年1月17日被捕，同年2月7日在上海牺牲。

中共常熟特别支部成立后，在常熟"同志联欢会"等进步群众组织中积极发展成员，吸收了邹逸中、钱宗灏、陈芷湘、邹思廉等人加入共青团。亦爱庐是特别支部的活动地点，大家经常在此上党课，学习革命理论和斗争方法，学唱《国际歌》等。特别支部成员还利用晚上书写"革命尚未成功，同志仍需努力"等革命标语在城中张贴。自1926年7月至次年4月，李强主要在常熟开展国共合作活动，与国民党江苏省党部负责人、共产党员侯绍裘推动成立国民党常熟县党部。1927年3月，北伐军到达常熟后，特别支部联合国民党接管了常熟县政权，建立县行政委员会，李强任行政委员。这是中共常熟特别支部取得的阶段性革命成果。1927年4月12日，蒋介石发动反革命政变后，中共常熟特别支部的活动也逐渐陷于停顿。

《尚友》周刊

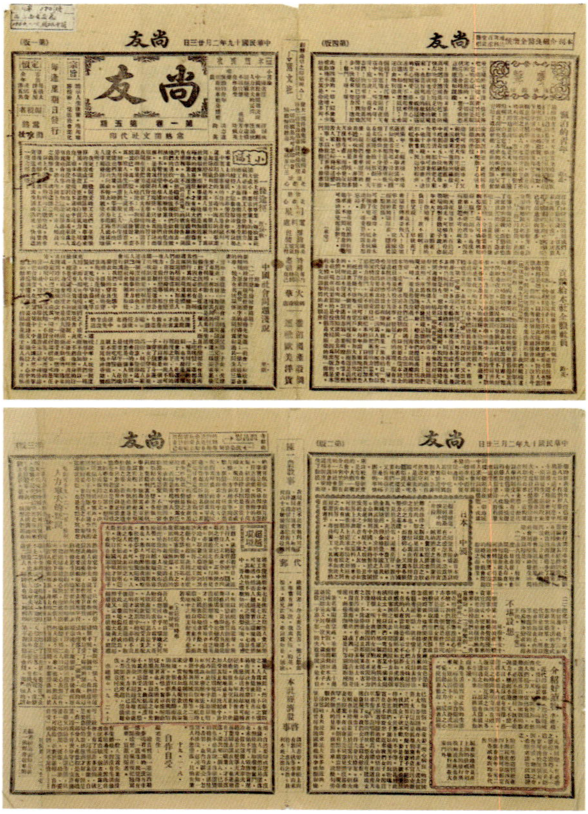

《尚友》周刊

常熟博物馆藏。纵27厘米，横39厘米。8开，铅印，1930年2月23日出版。刊头内容：《尚友》第一卷　第五期（1930年2月23日），常熟开文社代印。编辑者：常熟尚友社。每逢星期日发行。宗旨为：黯示人生修养、唤起服务精神、促进社会进化。

刊头右侧为本期目次：汪涵秋《一条途径》、至刚《中国社会问题浅说》、汪涵秋《人力车夫的疑问》、李建模《超越环境》、吴韵芳女士《不堪设想》、陆佩英《自作自受》。《嘤声》专栏有谈志道《漂泊的青年》、钧英《贡献给本社全体社员》等。该文物为1964年1月15日顾砥中捐赠。顾砥中，常熟浒浦问村人，曾于1934年加入进社，1956年9月任政协常熟县委员会副秘书长。

1927年，蒋介石发动四一二反革命政变，白色恐怖严重，革命陷入低潮。常熟梅李、浒浦的一些进步青年为了宣传革命，团结民众，组织成立了尚友社，这其中就有梅李本地的进步青年李建模。李建模出身于梅李镇北街顾家弄的一个普通职工家庭，由于家庭困难，他从梅李小学毕业后，到镇上的陆同福布庄当学徒，几年后学成，成为布庄的正式会计。好学上进的他在工作之余开始有计划地自学，不仅自己学，还团结同人一起学。他联系镇上的程恒信、金源兴等布庄的员工们一起学习和交流，名为“法字课”。在此基础上，他与钱伯享等几个店员及小学同学一起组织了一个具有进步倾向的文学社团——尚友社，并编辑出版《嘤声》周刊，经常在周刊上发表文章。1927年下半年，李建模被布庄老板派往上海工作，一年后他考入上海立信会计夜校。1930年，尚友社创办《尚友》周刊，由李建模、汪涵秋等人负责。它所刊载的内容涵盖了对社会乱象的批判、对生活的思考、对工友们的鼓励。第四版上有《嘤声》专栏。从它的办刊宗旨“黯示人生修养、唤起服务精神、促进社会进化”可以看出这些进步青年创办此刊的目的。李建模在上海工作和活动的间隙，依然关心家乡梅李的尚友文学社团出版的《嘤声》周刊。一次在寄给尚友社的信件中，他对《嘤声》周刊提出了坦率、中肯的个人见解：“尚友社出版之刊物，第一先获得有信用，即非至万不得已不误期或变更；第二要使内容充实，日求进步，使读者欢迎，日之增多也。务使此报成为我邑唯一的社会刊物，并且能欲达到基础巩固。对于社会不正当之事，应用合理之批评与论断。”从这封信的字里行间，可清晰地看出李建模对办好进步刊物从而改造社会的真知灼见。

《血报》

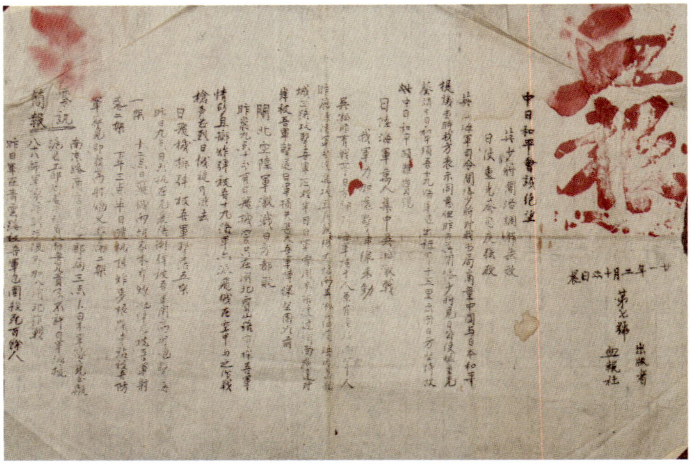
中日和平會議絕望
英少將開洛調解無效
日使重光葵態度強硬

日陸海軍萬人集中吳淞激戰

第七號
血報社 出版者

《血报》

常熟博物馆藏。纵29厘米，横40厘米。《血报》于1932年由汪涵秋创办于梅李。博物馆所藏为第七号，1932年2月10日由血报社出版。为8开油印，报头用红色木刻套印。标题是《中日和平会议绝望》，主要讲了英国少将开洛调解无效、日本使者重光葵态度强硬导致中日和平会议难以实现，并详细介绍了1932年2月9日中日双方在吴淞胶着激战的情况，使读者切身感受战场上的惨烈。

1932年一·二八淞沪抗战爆发后，常熟人民积极投入支援抗战的行列。离前线不远的常熟梅李成为国民党军队的防区，国民党驻军在市镇周围，开壕沟、筑碉堡，做防御战备。敌机也常来市镇上空骚扰，因此，民众一时因交通阻塞而得不到战事消息。当时梅李西街一家叫金源兴的布庄有一台进口收音机，能收听到上海等处播放的新闻。关心时局的群众每晚人流不息，来布庄探听沪战消息。职员中文化程度较高的汪涵秋倡议发行晚报报道沪战新闻，免费赠阅，这样既满足了广大群众需要，又尽了一份抗日救国之责。汪涵秋自任主编，陈志远、江祖望负责抄收电报，钱启元负责刻写蜡纸，王鼎元担任发行工作。报纸定名为《血报》，每日出8开一张，报头用红色木刻套印，内容以前线战事消息为主，并有国际新闻、市场行情等。

汪涵秋（1909—1985），梅李镇西街人，平民，金源兴布行职工。经常写文章发表于常熟及外地报刊，笔名胡丧今，先后主编过《尚友》《嘤声》《艺丝》等进步报刊。汪涵秋主编的《血报》很受群众欢迎，往往社论尚未脱稿，而发行时间将到，索取报纸者已接踵而来。第二天，福山、浒浦、董浜、淼泉等地也有人前来取报，最多时每日出版500份。有很多热心人士捐赠白报纸，布行职工也往往帮忙到深夜。

《血报》自1932年2月中旬创办，到5月初中日双方签订《淞沪停战协定》 战事平息，交通恢复，外地报纸能继续进入常熟以后才宣告停刊。

《艺丝》周刊

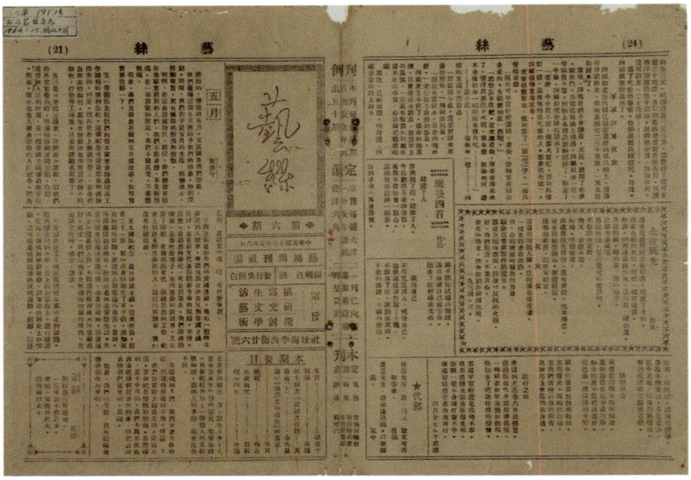
(21) 藝 絲　　藝 絲 (24)

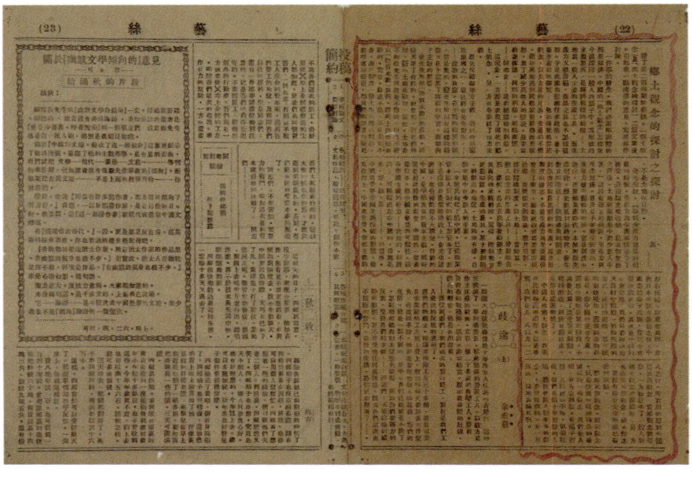
(23) 藝 絲　　藝 絲 (22)

《艺丝》周刊

常熟博物馆藏。纵26.5厘米，横39厘米。捐赠者是顾砥中。博物馆收藏的这份周刊是1934年5月6日出版的第六期，8开铅印。刊头内容：《艺丝》第六期（1934年5月6日），艺丝周刊社编，编辑汪涵，发行吴简白。宗旨：描写生活、研究文艺、探讨学术。社址：梅李西街廿六号。本期要目：胡丧今（汪涵秋笔名）《五月》、筱炜《荆棘》、万《乡土观念的探讨之探讨》、余希晨《歧途（上）》、可君《关于"幽默文学倾向"的意见》、梅古《秋收》、愁红《永夜底光》、杜鹃《醒后四首》。其中《五月》细数了以往五月里发生的事件：1919年五四运动、1915年"五九"国耻纪念日、1925年五卅惨案、1928年5月3日济南惨案。作者以悲壮的文笔鼓舞群众"重新去创造光明，开辟大道"，"我们的生路只有积极地联合振作起来"。

1931年九一八事变、1932年一·二八淞沪抗战爆发后，常熟城乡各地开展救亡宣传活动，抗议日本帝国主义的侵略暴行。常熟东乡的梅李、浒浦等集镇上的进步青年，有着改变社会、抗日救国的强烈愿望。梅李陆同福布庄的寓沪职员李建模，在1933年曾到过中共领导的闽赣交界处的根据地，对中国共产党有较深的认识。在上海时，他又通过生活书店得到进步书籍，不仅自己学习，还常常将书籍带回梅李，供青年阅读。1934年初，他和顾准（吴达人）等7位青年在上海发起成立进社，团结一批青年，散发传单，张贴标语，揭露国民党政府的反动本质。1933年，浒浦的青年顾鉴修、张可群结识了李建模。1934年2月，他们又同梅李薛惠民、李凌（陈海涯、陈克）、陈刚（陈振华）等探讨社会和哲学问题。上海进社成立后，李建模将情况作了说明并介绍顾砥中、张可群、顾鉴修、薛惠民、李凌、陈刚、李映华（华玉鼎）等入社。进社在常熟的成员达10多人。1934年春，为了宣传抗日，宣传革命，团结进步青年，常熟的进社成员和一些青年酝酿办一份文艺刊物，于是在梅李成立艺丝社，4月1日，《艺丝》创刊。发刊词表明了《艺丝》的态度：“常熟的文坛太沉寂了，太荒芜了。我们也就是想在沉寂中喊出一些声音，也可以说在荒芜中新出了一棵小草。”创刊号发行后，即收到了许多来信、来稿，仅梅李、浒浦、问村三处的信稿就有50多件；在县城的宗小薇也积极写稿，并加入了艺丝社。

《艺丝》以小说、散文、诗歌、评论的形式为主，提倡乡土文学，主张文艺要反映劳动人民的愿望、要求，批评国民党御用文人，抨击社会现状，影响不断扩大。《艺丝》引起了国民党反动当局的注意，当5月27日《艺丝》出版第9期时，国民党县党部以“言论荒谬，淆惑人心”为由，勒令《艺丝》停刊。进社的活动和《艺丝》的创办，进一步教育了一批青年，宣传了革命思想，并让青年们进一步看清了国民党反动当局的真实面目。刊物虽然停刊，但进社和艺丝社的成员继续关注国家和民族的前途，部分成员先后加入武卫会和党组织，传播革命思想，组织发动群众，为抗战全面爆发后开展抗日斗争打下了基础。

抗日烽火

常熟人民抗日自卫队使用过的军帽、武器

民抗战士的军帽

民抗战士使用过的朴刀

常熟人民抗日自卫队的军帽为常熟博物馆藏，长23厘米，宽25厘米。军帽为圆顶，有帽檐，材质为蓝色粗织棉布，现已褪色，里层填充棉花，缝合处磨损严重，使用痕迹明显。

常熟人民抗日自卫队的朴刀为苏州革命博物馆藏，共有两把，长80厘米、宽10厘米。

1937年冬，常熟沦陷不久，日军利用汉奸在县城建立了“自治会”，在一些集镇上建立了“维持会”，广大农村为土匪、帮派盘踞。因此人民群众在饱受日军蹂躏之外，还要遭受流氓、土匪的欺压，百姓处于水深火热之中。

1938年春，梅李进步青年医生任天石目睹民族危难、百姓伤亡流离的惨状后，决心弃医从戎，投身抗日斗争。他利用自己在家乡行医的声望，以“保家乡”为口号，参与组建塘桥游击队。这支武装力量建立以后，打土匪、逐盐枭，保护了群众的利益和安全，受到百姓的热烈拥护，为以后梅李组建抗日武装奠定了基础。塘桥游击队建立后，亟需加强领导力量。4月，通过陈刚介绍，任天石同杨浩庐见面，请求派人去帮助和领导游击队，得到了杨浩庐支持。中共常熟县委重建不久，在塘桥附近的杨西段、周家宅基举办流动的军事训练班，学员有塘桥游击队的骨干和驸马泾、小市、吴市、浒浦、横泾、陆巷等地青年，共三四十人。县委的同志为学员上政治课，进行军事训练，学员的军事水平和政治素质有了很大提高。训练班结束后，8月初，常熟人民抗日自卫队（简称“民抗”）在周家宅基成立，由当地颇有影响力的人物徐少川任大队长，任天石任副大队长，县委委员杨浩庐、赵伯华分别任政治部主任和参谋长。大队下设3个中队、1个特务队。其中随大队部一起活动的有20人左右，其余3个中队分散在各地。民抗是中共江苏省委直接派遣干部在苏南敌后较早创立的一支抗日武装，力量虽小，但意义重大。它的成立，标志着常熟人民在中国共产党领导下抗击日本侵略者的开始。

民抗部队刚刚成立时，给养困难，条件非常艰苦，常熟博物馆和苏州革命博物馆收藏的这两件民抗文物也反映了这一点。民抗部队领导带头下河捕鱼捉虾，吃大锅饭，睡稻草铺，和民众打成一片。作战时，他们也总是冲在第一线，既当指挥员，又当战斗员。任天石还运用自己精湛的医疗技术精心救护伤员。除此之外，他还常常在宿营驻地为群众看病开药。由于他处处为群众着想，受到大家的爱戴。老百姓们亲切地称他为“老天”，把民抗部队称为“老天的部队”。1938年秋收以后，民抗坚决反对日伪收租，与匪伪在何村、大汶桥、寨角展开战斗，维护农民利益。

民抗是在苏南敌后第一支由县级党组织直接建立的抗日武装。到1939年初，民抗总兵力达150人。1939年5月，江抗东进到达常熟，民抗配合江抗作战。民抗在梅李等地后方基地成立民抗总部，任天石任司令。此后，民抗配合江抗灵活地活跃于苏常地区及其周围进行游击战，有效地保存了自己，打击了敌人，为苏常太敌后抗日斗争发挥了重大作用，后民抗被编为江抗三路二支队。

常熟人民抗日自卫队完粮证

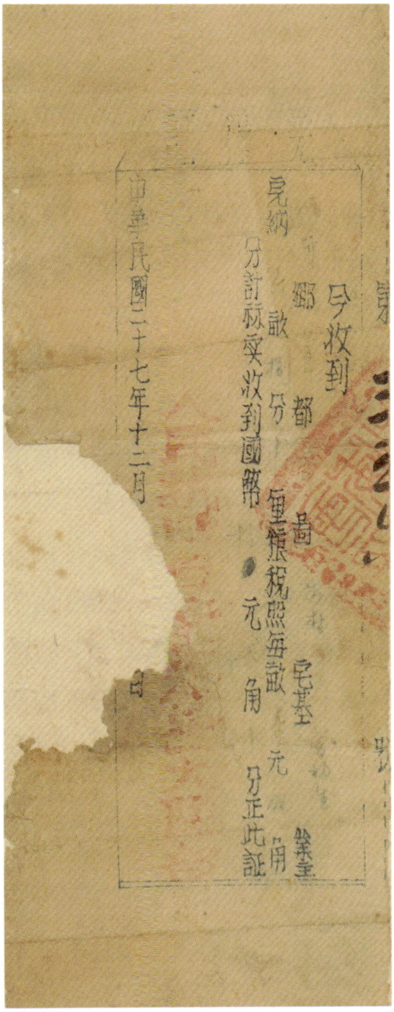

民抗完粮证

常熟博物馆藏。纸质，纵26.2厘米，横9.7厘米。时间为1938年12月。释文如下：

今收到□□乡□□都□□图□□村宅基曹福生业主完纳六亩捌分□厘粮税，照每亩壹元伍角□分计算，实收到国币拾元贰角一分正，此证。中华民国二十七年十二月□□日。印章“人民抗日自卫队第一大队部”。

1938年秋收以后，常熟日伪以软硬兼施的手段，加紧收编周围四乡的一些游击队。浒浦、梅李一带的赵培芝、赵培芳部暗中已和日伪勾结，密谋收取高额租赋，并打算由日伪、地主和当地的所谓游击队三股势力平分。而民抗在这个问题上则认为：在当年歉收的情况下，为减轻农民负担，租额应按实际收成计算并实行减租，由各地的抗日部队征收，坚决反对日伪收租。但民抗在与赵培芝、赵培芳等部协商时均遭拒绝。民抗为了坚持原则、维护农民利益，于11月、12月间，派二分队和一分队先后到何村及周行桥、王市等地农村，发动群众，保卫秋收。在塘南、塘北的一些乡，经过发动，很快就按保甲制度，结合自然村成立了减租评议会或小组，商定租额，先打对折或七折，再按“二五减租”的精神适当减租，由地主和抗日部队分别征收租赋。这个办法得到了广大农民的拥护。民抗所收的粮赋为：稻田每亩收1.55元（法币），棉田每亩收0.7元，不到半个月时间就完成了征收任务，共收近1万元。

对此，赵培芝等人怀恨在心，极力破坏。盘踞在周行桥镇上的王兴匪帮在赵培芝等人的授意下下乡抢粮。民抗一、二分队联合击溃了王兴，俘获了部分人、枪。之后，民抗从有利于巩固抗日统一战线的角度出发，对王兴等人进行教育，又发还了人、枪。通过这一场经济的和军事的斗争，民抗既解决了部分军需给养问题，又戳破了日伪匪妄图掠夺秋收果实的阴谋，揭露了一些所谓游击队假抗日的面目，民抗在人民群众中的威信更高了。完粮证这件文物反映了当时民抗执行“二五减租”的粮赋政策，从百姓的利益出发，减轻农民负担，得到群众的支持，为抗战作出了贡献。

江南抗日义勇军印《告江南同胞书》

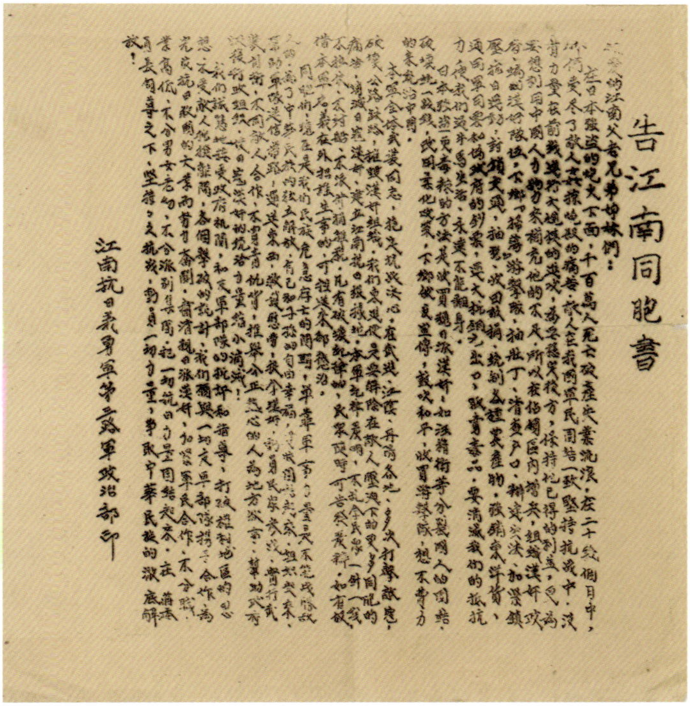
告江南同胞書

親愛的江南父老兄弟姐妹們：

江南抗日義勇軍第三路軍政治部印

《告江南同胞书》

常熟博物馆藏。纵26厘米，横26厘米。手写体钢板刻印，29行，800多字，纸质泛黄，字迹清晰。1984年吴市王锦帆捐赠，为江南抗日义勇军第三路军政治部1939年印制。全文如下：

亲爱的江南父老兄弟姐妹们：

在日本强盗的炮火下面，千百万人死亡、破产、失业、流浪。在二十几个月中，人们受尽了敌人奸掠烧杀的痛苦。敌人在我国军民团结一致、坚持抗战中，没有力量在前线进行大规模的进攻。为要稳定后方，保持他已得的利益，更为要想利用中国人力、物力来补充他的不足，所以在占领区内增兵，组织汉奸政府，编制汉奸队伍，下乡"扫荡"游击队。抽壮丁，清查户口，办连坐法，加紧镇压抗日运动。封锁交通，抽税，收田亩捐，统制各种农产物。强销东洋货、通用军用票和伪政府的钞票。运大批铜元出口，贩卖毒品，要消灭我们的抵抗力，使我们过牛马生活，永远不能翻身。

日本强盗更毒辣的方法是收买亲日派汉奸，如汪精卫等分裂国人的团结、破坏统一战线，改用柔化政策，下乡做反宣传，鼓吹和平，收买游击队，想不费力地来统治中国。

本军全体武装同志，抱定抗战决心，在武进、江阴、丹阳各地，多次打击敌寇，破坏公路铁路，摧毁汉奸组织。我们东进便是要解除在敌人压迫下的更多同胞的痛苦，消灭日寇汉奸，建立江南抗日根据地。本军纪律严明，不乱拿民众一针一线，不拉□（夫），不封船，不派苛捐杂税。凡有破坏纪律的，民众随时可告发严办。如有假借本军名义在外招摇生事的，可扭送来部惩治。

同胞们，现在是我们民族危急存亡的关头，单靠军事力量是不能战胜敌人的。为了中华民族的独立解放，自己和子孙的自由幸福，赶快团结起来，组织起来，帮助军队送信带路，运送东西，救护慰劳，捉拿汉奸，动员民众参战，实行武装自卫，不同敌人合作，不买卖仇货，推举公正热心的人为地方办事，帮助政府恢复行政组织，使日寇汉奸的统治力量缩小消灭。

我们诚恳地接受政府机关和友军部队的批评和指导，打破权利、地区的思想，不受敌人挑拨离间、各个击破的诡计。我们愿与一切友军部队携手合作，为完成抗日救国的大业而努力奋斗。肃清亲日派汉奸，加紧军民合作，不分职业高低，不分男女老幼，不分派别集团，把一切抗日力量团结起来。在蒋委员长领导之下，坚持持久抗战。动员一切力量，争取中华民族的彻底解放！

江南抗日义勇军第三路军政治部印

1938年10月，武汉沦陷，抗日战争进入相持阶段。1939年2月23日，周恩来代表党中央到达皖南新四军军部，根据党的六届六中全会精神，商定新四军“向南巩固，向东作战，向北发展”的战略方针。陈毅坚决贯彻执行党中央的方针，部署新四军六团担负向东抗日作战的任务。5月1日，新四军第六团3个营七八百人，在团长叶飞（化名叶琛）、副团长吴焜（化名吴克刚）的率领下，从茅山地区出发，向沪宁线东路地区进发。六团东进的具体任务是冲破国民党的限制，发展部队，武装自己，自己筹款（概括为解决“人、枪、款”问题），独立自主地扩大抗日力量，并相机建立新的抗日根据地。为了避免与国民党军队发生摩擦，六团东进至武进戴溪桥，与由原江阴地方武装组成的江南抗日义勇军合编，使用江南抗日义勇军的番号，并组成江南抗日义勇军（简称“江抗”）总指挥部，六团对外称“江抗二路”，原江阴地方武装为江抗三路。江抗抵达无锡梅村一带后，分兵向苏州、常熟挺进。

1939年5月14日，江抗抵达阳澄湖地区，与民抗、新六梯团会师，随即以民抗和新六梯团为先导，到达常熟东乡，并以常熟为基地向太仓、嘉定、青浦、昆山等地进军。江抗的抗日行动得到常熟等地人民的积极配合和大力支持。江抗东进近5个月时间里，取得东路作战的一系列胜利，沉重地打击了日伪，削弱了国民党顽固派在东路的力量。同时，达到了筹集“人、枪、款”、发展部队、壮大自己的目的，常熟民抗被编为江南抗日义勇军第三路第二支队，新六梯团被编为江南抗日义勇军第二路第三支队。

这件文物被推断为江抗东进前夕所印，用于向沿途民众散发宣传，鼓舞民众起来抗日。

江抗战士用过的袖套、腰带、绑腿布、公文包等

江抗战士用过的袖套、腰带、裤带、绑腿布、公文包

沙家浜革命历史纪念馆藏。织绣，袖套10厘米×20厘米，腰带120厘米×3厘米，绑腿布135厘米×8厘米。公文包28厘米×26.5厘米，土黄色。这组物品为抗战时期江抗战士所用。公文包上写有“江南抗日义勇军独立二大队部”字样，下面还有署名“吴平东”。文物在2006年由常熟博物馆调拨到沙家浜革命历史纪念馆。

1938年4月，新四军军部抽调第一、二、三支队侦察连及部分团以下干部400余人组成先遣支队，在第二支队副司令员粟裕的带领下从安徽歙县岩寺出发，深入苏南敌后进行战略侦察，揭开了新四军挺进江南抗日的序幕。

1939年5月，在陈毅部署下，叶飞率新四军第三支队第六团三个营七八百人东进抗日。江抗东进5个多月，打开了东路抗日的新局面。部队组成也发生了巨大变化，实力大大增强，发展到5000多人，扩编为4路，具体为江抗二路、三路、四路和五路。东路地区的地方武装不少被编入江抗部队，其中何市地区的殷玉如部被编为江抗独立二大队，吴平东应该是殷玉如部的战士。殷玉如部并未随江抗西撤，新江抗成立后，该部成为新江抗的一个连，但仍以江抗独立二大队的名义活动。

叶飞率领的新四军第三支队第六团原是红军长征后留在福建闽东坚持三年游击战争的红军游击队，被称为“闽东独立师”，抗日战争全面爆发后北上抗日，开赴皖南，后又东进苏南茅山地区。部队从茅山出发后到达丹阳，在丹阳换了军装，这些袖套、腰带等为当时更换的军装中的部分用品。

《常熟县人民抗日自卫会通告》

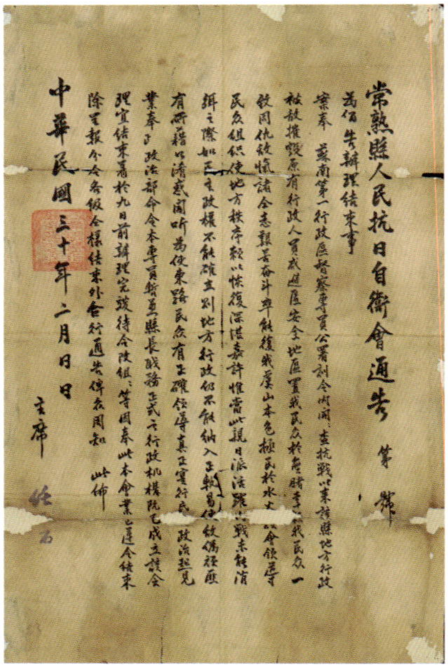
常熟縣人民抗日自衛會通告 第 號
為佈告辦理結束事
案奉 蘇南第一行政區督察專員公署訓令内開：查抗戰以來該縣地方行政
被敵摧毁原有行政人員或逃匿安全地區置我民众於危殆之秋我民众一
致同仇敌愾諸合志願艱苦奮斗卒能恢復我虞山本色極民於水火之命欲學
民众組织使地方秩序較以恢復深堪嘉許惟當此親日派法跳梁之戰未能消
弭之際如正式政權不能確立則地方行政仍不能納入正軌易使敵偽從屆
有所藉口清惑聞听為使東路民众有正確領導真正實行民主政治起見
業奉正政治部命令本專員暫兼縣長職務正式之行政機構既已成立該會
理宜結束着於九日前辦理完竣待令改組等因奉此本會業已遵令結束
除呈報令各級會様結束外合行通告俾众周知 此佈
中華民國三十年二月日日
主席 任天石

《常熟县人民抗日自卫会通告》

常熟博物馆藏。纵74厘米，横52厘米。纸质泛黄，已有多处破损，用毛笔书写，全文13列，近400字。最后盖有“常熟县人民抗日自卫会”的红色印鉴以及任天石的手写签名和印鉴。1941年2月发布。《常熟县人民抗日自卫会通告》（以下简称《通告》）是常熟市文管会于1979年从珍门公社征集所得，由一户农民在翻建老屋时发现于墙壁中。《通告》中出现“正政治部”文字，看来是“江抗政治部”文字之误，又有“二月日日”之误，故判断当时为确保《通告》颁发的严肃性，这份文字有误的《通告》不能在外张贴而得以完好保存。

1940年4月，谭震林到达东路，在听取江抗东路司令部和民抗总部汇报后，于4月23日至25日在常熟徐市举行会议，传达党中央指示，宣布成立东路军政委员会，对东路地区的新四军党组织和原属江苏省委的地方党组织实行统一领导。谭震林大刀阔斧地开展工作，发展党组织，扩大部队。军政委员会还在江抗、民抗控制区内掀起了一场群众性的“红五月”运动，苏常地区群众性抗日团体有了很大发展，抗日统一战线建立起来，抗日的财经工作以及宣传、文化、教育事业等都有了长足发展，建立抗日民主政权的时机初步成熟。1940年8月2日至4日，常熟县人民抗日自卫会第一次代表大会召开，选举任天石为执行委员会主席，李建模为监察委员会主席。下设秘书处和5个科，又建立了区乡镇村自卫会。自卫会是具有政权性质的机构。常熟县人民抗日自卫会是常熟历史上第一个中国共产党领导的抗日民主政权，也是苏南东路地区最早成立的县级敌后抗日民主政权。考虑到国共合作和统一战线的因素，由这一机构在我党领导和我军控制的地区代行县政府职能。1941年1月皖南事变发生后，国民党反动面目彻底暴露，东路地区党政军领导深刻认识到必须独立自主建立抗日民主政权。根据上级指示，2月7日，常熟县政府成立，由任天石兼任县长。原来的代行政权机构——常熟县人民抗日自卫会改称为参议会，成为代表民意并具有统一战线性质的咨询机构。

常熟县人民抗日自卫会执行委员会主席任天石签署通告，阐述自卫会成立以来在抗日斗争、维护地方秩序等方面发挥的重要作用，以及当前的形势，并宣告常熟县人民抗日自卫会改组为常熟县政府。《通告》公布日期为民国三十年（1941）二月。

常熟县人民抗日自卫会通过的《人民抗日自卫会组织与选举及各科职权施行法则》

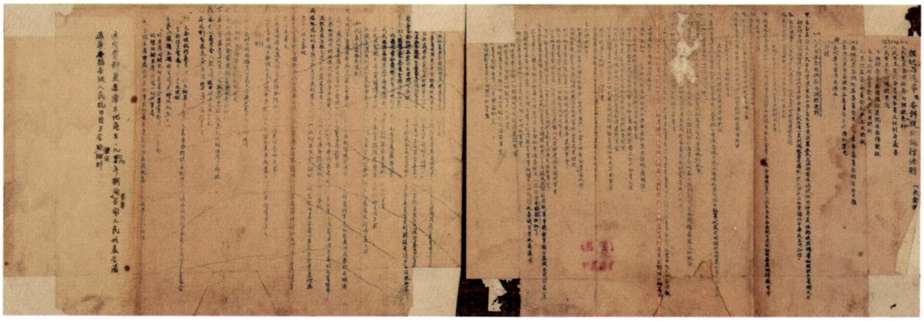

《人民抗日自卫会组织与选举及各科职权施行法则》

常熟博物馆藏。文物纵26厘米，横70厘米。这份资料是苏常太地区在1940年期间各县召开人民代表会议选举各级人民抗日自卫会的组织细则，内容包括人民抗日自卫会的任务与组织原则，会员及会员之权利与义务，组织系统，各级代表、各级执监委员会及各级常务委员会的开会日期，各级代表及各级执监委员会之任期和罢免，各代表之资格及限制、负责等7项内容。

1940年8月2日，常熟县人民抗日自卫会第一次代表大会在吴市杨家泾开幕，一天后，会议移至徐家巷徐宅举行，与会代表有110多人，会上正式成立常熟县人民抗日自卫会。8月3日，与会代表通过了《人民抗日自卫会组织与选举及各科职权施行法则》。9月初，苏州县人民抗日自卫会第一次代表大会召开，同样按“三三制”原则进行民主选举成立苏州县人民抗日自卫会。常熟、苏州两县人民抗日自卫会下设秘书长和民政、经济、教育、军事、公益等科，各区、乡也建立起人民抗日自卫会及相应机构，颁布条例，履行职责，各项抗日事业得到进一步发展，促进了根据地建设，标志着一个独立自主的敌后抗日游击根据地的形成。

《人民抗日自卫会组织与选举及各科职权施行法则》充分体现了民主集中制原则，广泛吸收拥护抗日的各界人士参加自卫会，扩大了抗日民族统一战线，并对各级抗日自卫会的性质、机构设置、职能和权限、代表的产生与任期、会员的权利与义务等，都作了比较详细的规定。这是常熟在党的领导下建立抗日民主政权过程中制定的具有法规性质的早期文本。

《常熟县政府对时局宣言》

《常熟县政府对时局宣言》封面

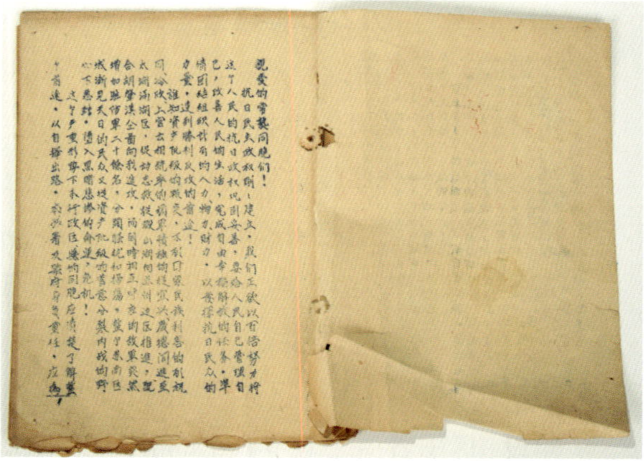

《常熟县政府对时局宣言》内页

常熟博物馆藏。文物纵18厘米，横13厘米。《常熟县政府对时局宣言》（以下简称《宣言》）正文内容共7页，1941年3月16日由刚刚改组成立的常熟县政府发布。《宣言》阐述了我党要独立自主地巩固抗日民主政权，但目前面临着汪伪政府和重庆内奸亲日派合成“反共”逆流的局面，在这种敌、顽、我三角斗争的局势下，县政府号召民众为了中华民族的前途，坚决地选择进步的八路军、新四军，在共产党的正确领导下，克服时局逆转。同时号召民众积极参加自卫队组织及训练，展开游击战争。

1941年初，国民党掀起第二次反共高潮，发动皖南事变，使东路的抗战军民对国民党顽固派的反共真面目有了更深刻的认识。为了在东路独立自主地坚持长期抗战，在组织上和军事力量上为巩固游击根据地提供保证，东路军政委员会根据上级指示精神，对苏常地区的党政军机构作了调整和充实，苏南东路地区普遍改组了行政机构。

1月20日，江抗政治部颁布建政通令，决定筹建江南行政公署，在东路地区划分3个行政区，下设11个县和2个特区，苏常太地区被划为苏南第一行政区，下辖常熟、苏州、太仓、洋澄4个县。

2月1日，苏南第一行政督察专员公署成立，专员任天石。7日，常熟县政府成立，县长任天石（兼），副县长吴宗馨。苏南第一行政区暨所属各县抗日民主政府的成立，反映了苏常太抗日游击根据地在坚持独立自主的原则下，得到了巩固和发展。这一时期，日伪又加紧对抗日游击根据地进行“扫荡”。为了坚定抗日军民的斗争决心，由常熟县人民抗日自卫会改组成立的常熟县政府于3月16日发布宣言，阐明新四军（江抗、民抗）为根据地人民作出的贡献、目前面临的形势和坚持抗战的有利因素，要求根据地人民群众坚定信心，不要动摇、消极，一如既往地支持新四军抗战，与日伪作坚决斗争。

江南社编印的《江南》杂志和《大众报》

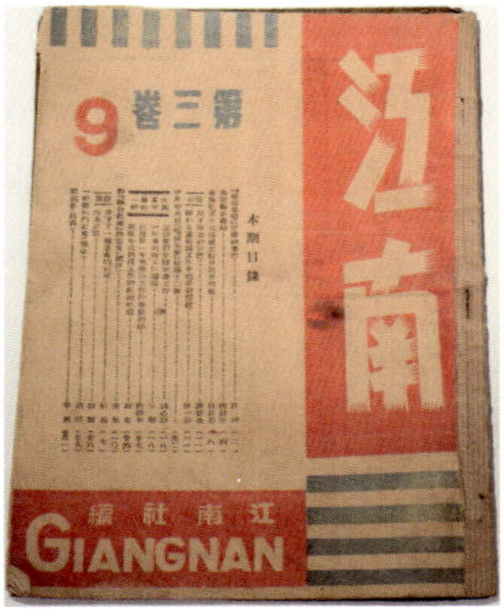

《江南》杂志封面

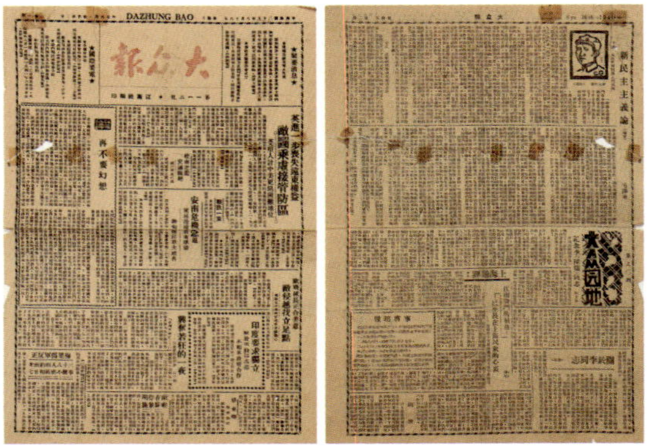

《大众报》

《江南》(半月刊)，纸本，16开，江南社出版；《大众报》，纸质，8开。常熟博物馆、常熟档案馆和沙家浜革命历史纪念馆均有收藏。沙家浜革命历史纪念馆所藏为2006年由常熟博物馆调拨。

常熟博物馆所藏《江南》半月刊杂志纵26厘米，横19厘米，为第三卷9期(1941年出版)，16开铅印，封面采用双色套印。中间部分为本期目录，刊载文章：《“皖南事变”演变的要点》《在沦陷区中怎样建立抗日民主政权》《一年来出版工作总结》《江南社一年来油印工作的几点经验》等。另有《大众报一周年特辑》《转载》《诗歌》等栏目。

沙家浜革命历史纪念馆藏《江南》杂志，右边有上下书写的“江南”两字刊头，左上方隐约有第三卷等字样，在“本期目录”中，可以看出这期《江南》共有12篇文章，计31页。其中第一篇是《论目前的宣传工作》，作者王河；第二篇是《剧运工作谈》，作者姜旭；第三篇是《开展儿童工作》，作者焕文。其余作者分别为明斧、维明、吴黎平、本社、艾思奇、一枝、毕克、苏莉、钱福基，这些名字基本都是笔名或化名。从这份杂志的封面上看，前面五篇文章的归类是“宣传工作专页”，最后四篇文章被划分在“文艺栏”中。

常熟博物馆所藏《大众报》纵38厘米，横27厘米，1984年吴市王锦帆捐赠。这份《大众报》为1940年8月16日出刊，第112号，8开2版铅印，用白色道林纸印刷，报头套红。第一版刊载了社论《再不要幻想》，以及《英进一步丧失远东权益 敌图乘虚接管防区》《印度要求独立 解放运动益高涨》等文。第二版刊载了毛泽东《新民主主义论》的最后两章（十四、文化性质问题上的偏向，十五、民族的科学的大众的文化）。沙家浜革命历史纪念馆收藏的两张，在期号及江南社编印这几个字的下方，还印有“今三本报一大张售洋二分”这几个字。其中一张为民国三十年（1941）2月20日169号，上面有《苏州自新汪派全部恢复自由》等内容。另一张为民国三十年（1941）2月25日第170号，上面有《各地民众积极动员》等内容。

1939年10月，新四军江抗部队西撤后，苏南抗日局面一时转入低潮。留守在苏（州）、常（熟）地区的中共江南特委（后改称“东路特委”），为冲破日伪对苏常沦陷区的新闻封锁，加强抗日救国宣传，决定创办油印报纸《大众报》。

1940年2月8日，首期8开《大众报》在常熟县徐市镇以常熟县人民抗日自卫队的名义出版，三日刊，报头为木刻，主编肖湘。由于当时条件差，只能油印几百份。这时的《大众报》除刊登地方新闻外，还载有国内各地的抗战消息。苏常人民从这份小报上知道了国内外人民抗击德、意、日法西斯侵略者的真实战况，受到极大鼓舞，增强了抗战胜利的信心。4月，谭震林奉命来到常熟，成立东路军政委员会，谭任书记，统一领导苏南东路地区（即长江以南、沪宁铁路线常州以东地区）的党政军工作，大刀阔斧地发展抗日武装和创建东路抗日根据地，各项工作出现蓬勃发展的新局面。5月9日，东路军政委员会成立江南社，全面负责东路地区的宣传出版工作，加强了编辑和印刷力量，统一编辑出版《大众报》（三日刊）与《江南》（半月刊）。《大众报》与《江南》同时隶属江南社领导，《大众报》成为东路军政会的机关报。

江南社在上海地下党的帮助下，得到了出版印刷用的脚踏式四开平架机、圆盘机、各号铅字、油墨、白报纸等，还有上海来的排版印刷工人一同工作。7月7日，为纪念全面抗战爆发3周年，江南社公开出版了首期铅印并套红的9开2版的第99号《大众报》，印量增至3000余份，成为中共领导的各抗日根据地中首份用白报纸铅印的报纸。油印时期的《江南》为32开本，最初是江南特委的综合性刊物。1939年5月，创刊于无锡梅村，以无锡各界抗日联合会的名义出版，在梅村及周边村庄流动油印，发行到各群众抗日团体。不久，该刊迁至苏州吴县太平桥、横泾等地后，改以无锡、吴县两县各界抗日联合会名义出版，一般只印100多份，有时还不能定期出版，11月后停刊。1940年3月，《江南》复刊于常熟县董浜。5月，归属江南社领导后成为东路军政委员会的机关刊物。7月，改为铅印后为16开本，封面采用双色套印，发行量在200本左右。

1940年10月，苏常太抗日根据地进入兴盛时期，文化宣传工作空前活跃，《大众报》也更具新意。11月7日，出版了8开4版套红印刷的第136号《大众报》，报头字改用毛泽东的手迹，落款“毛泽东”三字选用毛泽东《论持久战》一书封面上的签名字体。报眼处刊登了醒目的宣传标语，并在第4版的正中刊登了斯诺所摄毛泽东半身照片并注明“中国革命导师毛泽东”字样，使根据地军民虽然身处苏南敌后却有着与伟大领袖并肩战斗的亲切感与使命感。这期《大众报》还特辟了两个专栏，刊登了江南人民抗日救国军司令兼政委谭震林（化名林俊）的《东路一年》、东路特委书记张英的《从十月革命说到东路自卫会》等文章。该报还轮流刊载了近百期《大众园地》《江南文艺》《战地》三个文艺副刊。改版后的《大众报》印量亦从3000余份增至8000余份，最多时高达13000

余份，影响遍及江南各地。而此时的《江南》内容也非常丰富，开设栏目《论坛》《问题讨论》《工作研究》《工作指导》《工作报告》《实践大学》《资料室》《传载》（主要转载中共领导人及党中央报纸杂志的重要文章）和《文艺》等，发行量最多时有4000册左右。

为躲避日军“扫荡”，江南社将印刷设备安装在从日伪军处缴获的一条十余吨的大木船上。在这条大船的带领下，有十一二条船前后衔接，在密如蛛网的水乡地区隐蔽流动印刷。在这些船上，包括编辑、出版、发行、总务四个部门和一个图书馆在内，共有100余人，被称为“敌后水上印刷厂”。“水上印刷厂”除排印《大众报》和《江南》杂志外，还担负着排印文件、政府公告、抗战传单、抗战歌曲、财税票据等任务，并翻印过毛泽东、刘少奇、陈云等领导人重要著作的单行本，为东路地区的抗日军民提供了丰富的精神食粮。

1941年1月，皖南事变爆发后，江南敌后的斗争形势发生了重大变化。3月间，江南社奉命从苏（州）、常（熟）、太（仓）西迁澄（江阴）、锡（无锡）、虞（常熟）地区。4月18日，《大众报》复刊，《江南》也同时开印。1941年7月，因日伪在江南地区大举进行“清乡”，江南社奉命撤销，《大众报》和《江南》亦同时停刊。

《大众报》和《江南》坚持以抗日为宗旨，为宣传抗日、鼓舞抗日士气发挥了无法替代的喉舌作用。它们既是抗战的号角与火炬，又是抗战的文献与见证。虽然历经岁月侵蚀及因其他缘由，能留存下来的《大众报》和《江南》少之又少，但后人仍可从那存留下来的一页页发黄纸张上，看到前辈们在抗战岁月中顽强拼搏的不屈身影，看到在苏南这块革命热土上所演绎的抗战史剧。

江南社翻印的《怎样做一个共产党员》

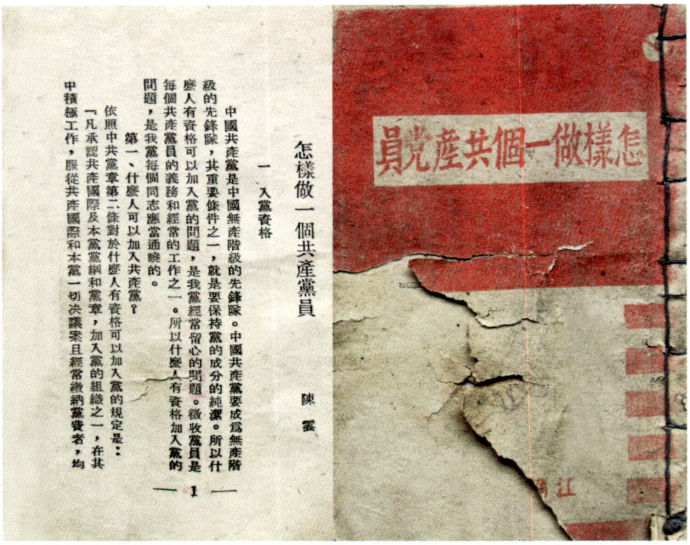

江南社翻印的《怎样做一个共产党员》

该本《怎样做一个共产党员》为纸质，纵13.2厘米，横9.5厘米，厚0.3厘米，64开本。封面上半部为浅红色，中间留7.5厘米×1.7厘米的白框，框内印有红色书名，为木刻宋体，从右至左排版，未署作者姓名；下半部为白色，左半面已破损，右半面距底线1.5厘米处印有红色的“江南社”三字，“社”字部分已破损无存。扉页自左至右印有书名和“1940”字样，两行之间有条6厘米长的粗黑线相隔。扉页背面印有双线栏，栏内文字横列五行，分别为：《怎样做一个党员》，少排“共产”二字；出版者：江南社；经售者：各地通讯发行站；每册实价八分；民国二十九年十二月出版。继而为目录，竖排六行，分别为六章章名：一、入党资格；二、党员的成分；三、入党手续、恢复党籍或重新入党；四、候补党员；五、共产党员的标准；六、学习。正文竖排，起首印有书名和作者陈云的姓名，每页13行，每行30字，计25页。书尾衬页印有书目广告，为当年由江南社出版的单行本：柳岸《东路抗战的一般问题》，高山《关于自卫队与自卫队的训练》，顾复生《关于民运工作》，并标明每册八分。该书除封面有所破损外，余均完好。此书由时任中共中央组织部部长的陈云于1939年5月著，本册则由中共东路特委领导下的江南社于1940年12月翻印，估计是在日伪“清乡”时被密藏起来的。该书于1984年春由淼泉镇吴庄村刘葵隆同志在拆除自家旧房时于房梁上发现。2006年3月4日，这件珍贵的革命文献由常熟市档案馆征集进馆。

1940年4月，谭震林受中共中央东南局和新四军军部委派，来到常熟，成立东路军政委员会，全面领导东路地区党、政、军工作。谭震林来到常熟后，十分重视党的建设。一是在地方抗日武装、群众团体、民运干部和小学教师中积极发展党员，建立党的基层组织。至1940年底，仅常熟地区就已拥有党员400余人、党的基层支部（小组）40个左右。二是通过上党课、办党训班等形式，对党员干部进行教育，并由领导授课。为了加强对共产党员的理想信念教育，中共东路特委专门将《中国共产党党章》《论共产党员修养》《怎样做一个共产党员》《支部的职责》等交江南社翻印，将其作为党员的必读课本，这对加强党的建设、提高党员素质发挥了积极作用。

由于时处抗战烽火岁月，江南社印刷厂大多时候是流动的，条件十分艰苦，这些重要著作的印数也有限。这本《怎样做一个共产党员》能保存至今，殊属鲜见，印证了当年江南水乡苏常太抗日游击根据地出版事业的蓬勃发展，更为当年的党建工作的积极开展提供了一个极富价值的佐证，给党史研究提供了重要文献资料。

《东进报》

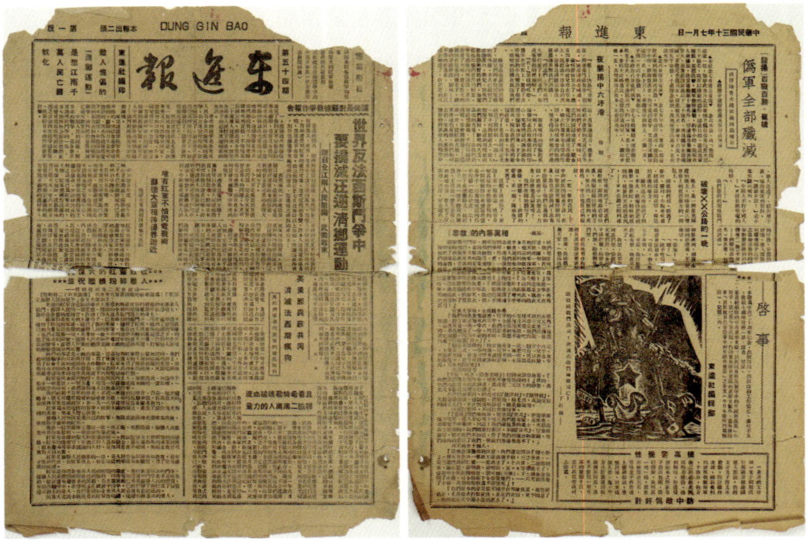
DUNG GIN BAO
世界反法西斯鬥爭中 要撲滅汪逆清鄉運動
東 進 報
偽軍全部殲滅
啓事

《东进报》

文物纵35.5厘米，横25厘米。常熟博物馆藏有5份《东进报》，均为地方版，东进社编印，分别为第X期第三、四版（1941年2月6日星期四），第四版刊登了《抗日民族统一战线的发展与巩固》；第22期第一、二版（1941年3月10日星期一），第一版刊登了《重庆当局蓄意反共投□ 毛泽东等同志代电致参政会重申前提办法》；第36期第一、二版（1941年4月10日星期四），第二版刊登了陈毅撰《革命军队与群众的关系》；第43期第一、二版（1941年5月1日星期四），第二版刊登了《纪念红五月要彻底消灭胡肇汉》；第54期第一、二版（1941年7月1日），左侧报眼处写着“敌人傀儡的‘清乡运动’是想江南千万人民亡国奴化”。

《东进报》分为部队版和地方版。《东进报》部队版系军内报纸。1940年4月成立江南抗日救国军东路指挥部后，由政治部负责编印。《东进报》地方版是1940年秋，谭震林领导的江抗部队从苏常太地区西进开辟澄锡虞地区后创办的报纸，系由中共东路特委领导的在苏南澄锡虞地区的一份党报。《东进报》的前身是油印的《电讯报》，当年11月正式定名为《东进报》，并改为铅印出版，地方版用了部队版《东进报》陈毅手书的报头，每期为8开2张4版，由于身处敌后，移动频繁，出报时间不定。东路一些党政军领导人如吴达人（顾准）、何克希、包厚昌等均亲自为《东进报》撰稿。报纸在广大群众中发挥了指导斗争的作用。《东进报》与《大众报》是苏南东路地区的两份姊妹报，《大众报》以苏常太地区为主，《东进报》则以澄锡虞地区为主，在根据地内广泛发行。报纸所刊内容有社论、时政新闻、东路消息、领导文章、法律法规、政治性文件、副刊、启事等。干部、战士、群众通过阅读报纸，了解时讯、增长见识、提高自身素质，因此该报纸被谭震林称为“新四军干部、战士的磨刀石”。

1941年4月30日，由于江南社印刷厂遭到敌军袭击，机器被毁，《东进报》无法出版。5月间，经东路特委决定：江南社与东进社合并，《东进报》停刊，东进社撤销，印刷所划归江南社。《东进报》从1940年9月创刊到1941年5月停刊，在澄锡虞地区前后坚持出版了9个月，在苏南东路的对敌斗争中发挥了作用。

苏州弹词开篇《拥护新四军》

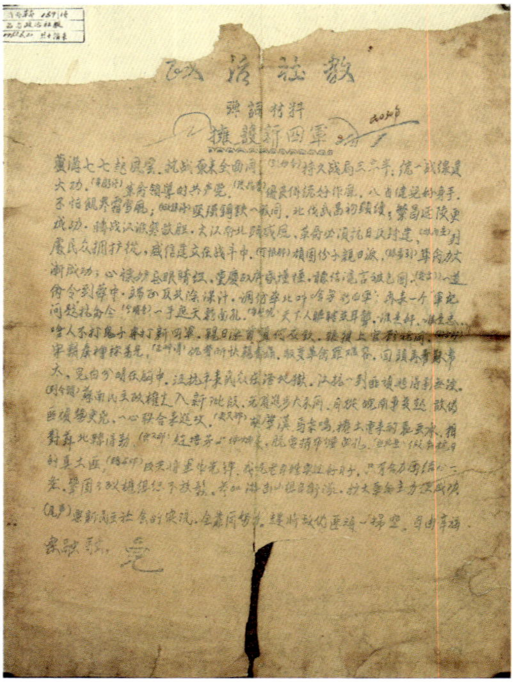
政治社教
弹詞材料
擁護新四軍

《拥护新四军》弹词

常熟博物馆藏。文物为纸质，纵33厘米，横25厘米，油印。全篇由60句唱词组成，计600字左右。从内容可推定，作品的编演时间在1941年春天。内容如下：

卢沟“七七”起风云，抗战原来全面同。（到如今）持久战局三年半，统一战线建大功。（幸亏得）革命领导的共产党，（发扬着）优良传统好作风，八省健儿好身手，不怕饥寒霜雪风，（锻炼得）坚强钢铁一般同。北伐武昌初显绩，繁昌延陵更成功。转战江淮寒敌胆，大江南北显威风，革命必须抗日反封建，（故而是）到处民众拥护人，威信建立在战斗中。（可恨那）顽固分子亲日派，（眼看到）革命力大渐成功，心怀妒忌眼睛红，重庆政府昏懂懂，听信谗言被包围，（发出了）一道命令到华中，端出反共阴谋计，调防华北叫啥要“新四军”？再来一个“军纪问题”抗命令，（分明是）一手遮天勠面孔。（当我呢）天下人眼瞎并耳聋。谁是奸，谁是忠，啥人不打鬼子专打新四军。亲日派首领何应钦，狼狈上官顾祝同，（好与那）宋朝秦桧称弟兄。（正所谓）仇者所快亲者痛，叛变革命罪难容。回头再看苏常太，皂白分明在胸中。江抗未来民众在活地狱，江抗一到匪顽逃得无影踪。（到今朝）苏南民主政权走入新阶段，光明进步大不同。自从皖南事变起，敌伪匪顽势更凶，一心联合来进攻。（更又那）胡肇汉、马乐鸣，卷土重来的袁亚承，相对苏北韩德勤，（更有那）赵培三与仲炳炎，脱要梢布镬面孔。（无非是）假名抗日的真土匪，（暗与那）反共将军作先锋。我呢［伲］老百姓要过好日子，只有合力团结心一条，巩固了政权组织不放松。参加游击小组自卫队，扩大革命主力便成功。（尾声）要新民主社会的实现，全靠民众同努力，（赶快将）敌伪匪顽一扫空，自由幸福乐融融。

抗战开始后，苏常太地区党组织建立民抗等抗日武装。新四军六团以江抗名义东进后，抗日形势一派大好，各界群众被动员起来，团结在党的周围，财经、教育、文化、宣传等各项工作蓬勃开展，有力地推动了抗日斗争的进一步发展。常熟素有“评弹第二故乡”“江南第一书码头”之称，这一弹词开篇就是创作、流行于苏常太抗日游击根据地各书场的。作品从1937年卢沟桥事变落笔，至1941年春苏常太地区开展民主建政为止。其中提到的重要事件有七七事变、创建新四军、江抗东进、皖南事变、民主建政等，反映了常熟本地乃至苏南地区的抗战历史。开篇全文以历史发展为脉络、宣传抗日为宗旨、歌颂新四军为主线，以“我呢［伲］老百姓”为第一人称，读来朗朗上口，发挥了团结人民、教育人民的重要作用。

常熟抗日民主政权田亩救国捐收据

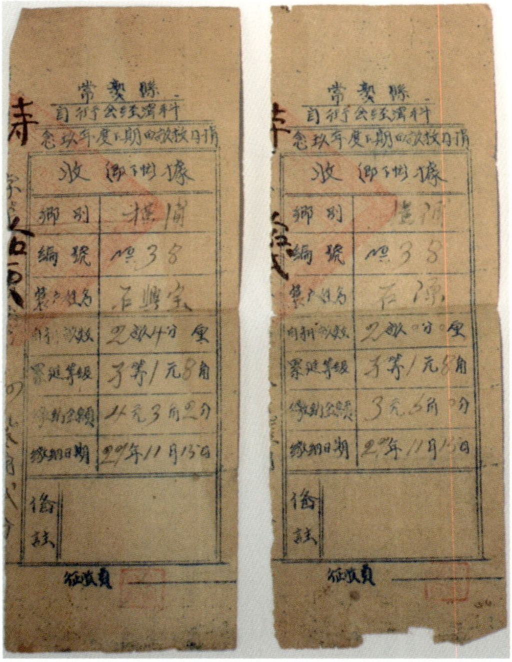

常熟县人民抗日自卫会经济科田亩救国捐收据

常熟博物馆藏。该文物有两件，均为纸质。一份是常熟县人民抗日自卫会经济科田亩救国捐收据，落款时间是1940年11月15日，纵19.8厘米，横6厘米。共2页。左上方盖有骑缝红印章“常熟县自卫会经济科”“廿九年度下期田亩救国捐收据”，上面有具体乡别、编号、农民姓名、自耕亩数、累进等级、缴存金额、缴纳日期和征收员印等内容，为横浦乡农户石兴宝、石源的收据。另外一份纵13.6厘米，宽8.7厘米。收据、栏目名称均用蓝油墨印，地名、姓名、数字用钢笔填写。收据右上角盖有“常熟县经委会上忙”的蓝色条戳印，左上角骑缝处盖有似为“常熟县经济委员会”的红色方印。和第一份一样，有具体乡别、编号、农民姓名的内容，此份为塘北区洞堰乡农户应三三的收据，时间为1940年8月5日。该文物为1995年7月4日赵市陈景星捐赠。

民抗建立后，开始靠捐献和募集资金作为抗日经费，在县经委会的领导下，逐步建立财经机构，征收货物流通税、营业税和赋田亩救国捐（又称“自卫捐”），是抗战时期在苏（州）常（熟）抗日游击区和苏（州）常（熟）太（仓）抗日游击根据地中征收的田赋之别称，它是我方抗日经费的主要来源。田亩救国捐的征收，也是贯彻党的统战政策，团结广大佃户、自耕农、地主共同抗日，粉碎日伪在我方控制区域强行征收租赋、掠夺战略资源的一个重要举措。田亩救国捐的征收时间主要为1940年下半年至1941年初，由民主建政后的苏州、常熟二县人民抗日自卫会经济科负责征收工作。分为夏熟（上忙）、秋熟（下忙）两次征收。我党领导下的财经工作机构和抗日民主政权推行“合理负担”的政策，对于不同的征收对象区别对待。对佃户（租种地主的田地）采取只向地主交租、不交田亩救国捐的方式，对自耕农（有自己的田地）则直接征收田亩救国捐。对于地主，按照其田亩多少，采取累进率的方式征收，大地主交得多些，小地主交得少些。采取从地主向佃户收取的租款中统一扣除的方式，对贫苦农民或确属减收、失收者，可予以减免。对抗日军人家属实行优待减征。由于征收额合理，方法得当，征收工作得以顺利开展。苏州、常熟二县90万亩的田赋收入，不下200万元，占全部抗日经费的70%，不仅满足了东路抗日斗争需要，而且支援了江苏省委和苏北抗日根据地。

陈景星老人介绍，他的父亲陈三三，是位富有抗日爱国热忱的农村塾师，家中有1亩5分自耕田。这张收据就是当年陈三三交纳田亩救国捐后所得，他一直珍藏着，去世后由陈景星悉心保存。陈景星老家俗名“木梳湾”，现为梅李镇赵市村东村3组，当年地属抗日根据地辖区塘北（梅塘以北）区洞堰乡范围。在填发这张收据时，陈三三考虑到居住地邻接伪军赵培芳部驻地，敌我斗争环境严酷，为了不使自己向新四军和民抗交纳救国捐的情况外泄，就将姓名改为应三三。

田亩救国捐是苏常太抗日游击根据地征收的田赋，既是根据地财政的重要来源，又是落实党的统战政策，团结佃农、自耕农和地主共同抗日，击破日伪引诱地主登记田亩、窜入根据地设立租栈、强行征收租赋、掠夺战略物资的重要措施。

里睦区徐市乡食粮合作社印章

里睦区徐市乡食粮合作社印章

常熟博物馆藏。木质，阳文篆字，印的上端为4厘米见方，下端为4.5厘米见方，高2厘米。这件文物是苏常太抗日游击根据地经济工作的实物见证。1981年，徐市供销社退休职工景桂生捐赠。

里睦区是苏常太抗日游击根据地设置的一个行政区划，其范围在徐市包括陆家市、周泾口一带。经济工作是抗日游击根据地工作的一个重要方面。当时，由于日伪的掠夺以及不法粮商的走私和囤积居奇、牟取暴利，常熟地区米价上涨，影响到群众生活，对棉区的高乡民众造成的损害更大。在抗日民主政府领导下，禁止粮食运出根据地，做好缉私工作，强化自卫武装，防止日伪下乡掠夺，还普遍组织了食粮合作社。食粮合作社在产棉区开辟了粮食购入渠道，调节入社人员间的粮食余缺。粮价通常较市价要低，能在较大程度上保证粮源，对安定民众生活起了积极作用。在产米的低乡，则组织食粮运销合作社，组织粮食运往高乡销售，既消除粮商的中间剥削，又增加了粮农收入。合作社年终核算，若有盈余，按股分成。在根据地中，区成立食粮合作总社，乡成立社。常熟县抗日民主政府加强对粮食运销工作的重视，专门颁布了《常熟县食粮运销及缉私奖惩暂行条例》。《大众报》1941年1月16日报道："常熟县合作运动，日来蓬勃发展，成为当前热烈的运动，该合作社不仅为改善民众之组织，同时成为团结和组织民众之最好利器，对抗战之贡献极大。"又报道："徐市镇食粮合作社已成立多日，有股金一千五百余元，社员百多人。合作社售出的米价与市价相差达六元。"可见食粮合作社在当时起到了重要作用。

李蒲军作的《教育工作会议报告》

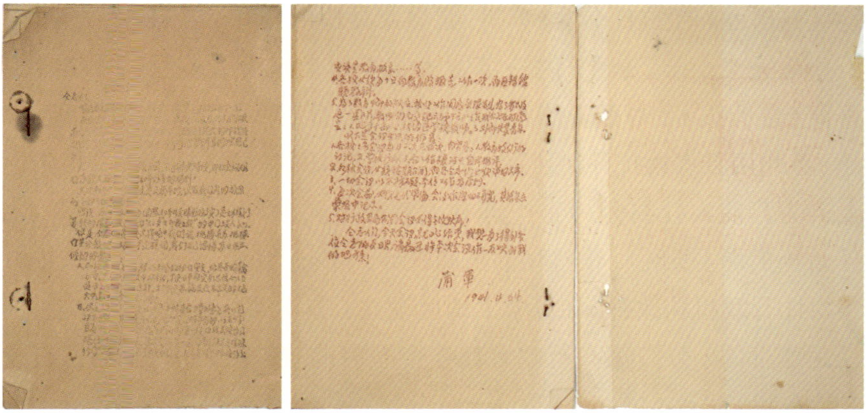

李蒲军作的《教育工作会议报告》

常熟博物馆藏。纸质，纵18厘米，横12.8厘米。这是1941年4月24日任苏南第一行政督察专员公署秘书长兼教育科科长的李蒲军在教育工作会议上作的报告。

李蒲军，1920年6月生，1939年9月参加革命工作，1940年7月加入中国共产党。1941年2月，苏常太地区设立第一行政区教委会，李蒲军任主任。4月，李蒲军改任苏南第一行政督察专员公署秘书长兼教育科科长。这是他在1941年4月24日教育工作会议上作的报告。《教育工作会议报告》分三大部分：一、政治报告，分析当时国内外的政治形势。二、工作检讨，阐述当时教育工作中存在的问题。1.小学教育不正规，教学法存在缺点。2.社教方面，识字运动没有持续，读报宣传工作没有普遍执行。3.教育行政工作者漠视视导工作。4.会议生活形式化、内容不充实。三、工作布置，建议今后如何做好教育工作。1.正规小学教育：形成制度，重视儿童组织工作，补充教材。2.社教方面：开展识字班、夜中学、茶室工作，举办校外活动。3.行政工作：执行一日一校视导工作，加强教育行政工作者和教师的沟通，改良私塾工作，学校落实定期汇报工作制度。4.会议生活：规范会议制度。

苏常太抗日游击根据地形成后，各项建设事业均得到发展，教育工作发展很快。在“教育要为抗日战争服务”的方针指导下，农村的偏僻地区也都办起了抗日小学。苏州、常熟两县境内共有小学110多所，其中23所系完全小学。东路特委、苏常太工委的李建模、吴达人（顾准）、肖英（赵秀英）、刘平若等人都曾分管过教育工作。1940年下半年，常熟、苏州两县人民抗日自卫会分别设置了教育科，常熟县教育委员会遂上升为苏常太教委会。11月，苏常太教委会又改称“东路教委会”，主任是杨祖彤（杨玖），设有秘书长和视导、训练、编审、总务4个科。1941年2月，行政机构改组，在苏常太地区设立了苏南第一行政区教委会，主任是李蒲军。4月，第一行政区教委会撤销，李蒲军改任行署秘书长兼教育科科长。

苏常太教委会成立不久，提出了“教育（工作者）民运化”的口号，要求教师努力把教育工作与当地的抗日民运工作结合起来，通过教育工作推动民运工作，在民运工作中开展教育工作。在根据地各小学推行抗日教育：采用抗日教材，教唱抗日歌曲，成立儿童团等。1941年春，在苏家尖附近建立了一所全日制抗日中学——江南中学。1940年1月至1941年6月，教委会共举办6期教师进修班，培养了许多抗日教师及干部。许多学校白天上课，晚上举办农民夜校，教识字，教唱歌，宣传抗日道理，成了敌后抗日宣传的重要阵地。东路教委会还具体制定了《东路小学暂行规程》，对于教育方针和政策、学校行政、教材内容、校长和教员的任免、学生的纳费、烈军属子女的优待，以至女教职员的产假等，均有详尽明确的规定，使在游击环境中的学校工作不断充实健全。李蒲军的报告直接反映了中国共产党对教育工作的重视，苏常太的教育工作者在教育下一代和直接参加抗日斗争方面作出了重要贡献。

江南商业货币券

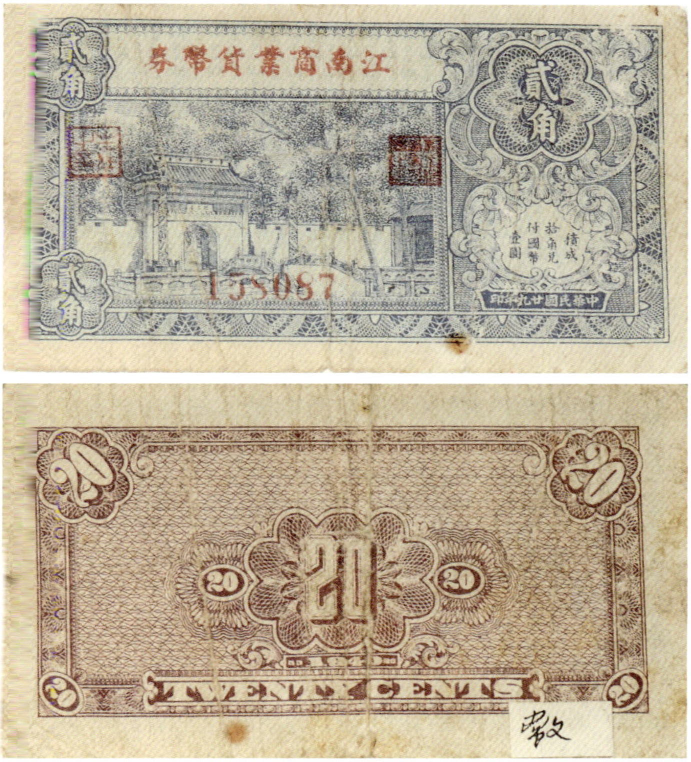

江南商业货币券

常熟博物馆藏。纸质，纵5.7厘米，横10厘米。原为常熟赵市程清华持有，其弟程海容于上世纪80年代捐赠。货币券正面：蓝底色。左印寺院山门、华表、石桥、池栏、古树、全景图；右印“贰角”“积成拾角兑付国币壹圆”“中华民国廿九年印”。

币名、钞票编号“158087”印红色。背面：棕底色。中印币值“20”，下印“1940”。该券发行时，在已印就的券上加盖币名“江南商业货币券”，以及“主任之印”和“基金保管委员会之印”，还印上编号。江南商业货币券是抗战时期苏南抗日民主政府发行的辅币。

1940年4月，谭震林到达常熟后，创建苏（州）、常（熟）、太（仓）和澄（江阴）、锡（无锡）、虞（常熟）抗日游击根据地。当时在苏常太、澄锡虞抗日游击根据地的流通领域内，一度存在市镇和农村辅币缺乏的困难，其主要原因是日寇大肆搜刮战略物资，特别是对银圆、银毫的大量掠夺，造成了市面辅币的紧缺，致使社会上出现了各种代币券、流通券，乃至出现了擅自发放的圆以上主币，造成货币可以自由发放的混乱状态，货币管理已经到了无权威和无法制的局面。苏州党史资料《抗战中的东路》记载，当时货币“紊乱情状，达于极点，既无基金之保证，又乏法定之手续，致成任何人均可发行，漫无限制之现象，纸券、竹筹、铅币充斥市场，甚至赌场筹码，亦皆通用。券面金额分、角、一元固无论矣，五元竟亦有之，种类复杂，甲地之券，不能用于乙地，使用者颇多困难。长此以往，危害整个社会经济甚大焉”。为使各地票券趋于统一，巩固根据地的经济建设与社会稳定，抗日民主政府决定对根据地内部进行货币整理。1941年春，苏南第二区行政督察专员公署（简称“专署”）经济委员会发布《整理与取缔代币券的暂行办法》，并成立商业货币券基金保管委员会，发行江南商业货币券，面值分壹角、贰角、伍角三种。壹角券、贰角券正面都以江南寺院、古迹为主图，伍角券以几何图案为饰，均为平版印刷，制版精良。其中贰角币和伍角币正面分别有“积成拾角兑付国币壹圆”和“每拾角兑付国币壹圆”等字样，1940年印制，1941年间流通于苏南抗日根据地。原先各公团、行商及个人发行的代币券等辅币被逐一收回销毁，并依法申请领取使用江南商业货币券。申请经批准后，需将其基金20%不动产契书或单据一并缴送基金保管委员会保管，再凭收据领取新券，新券加盖暗记后方可使用。由此可见，江南商业货币券之发行，是有组织、有计划的，而且有充分的准备基金保证。所以，江南商业货币券发行后，信誉很高，群众普遍欢迎，在苏南抗日根据地流通无阻，成为当年根据地内主要使用的一种辅币，原有的不良币券被逐一清除，根据地内各地区货币渐趋统一。

然而，当时的伪政权竭力禁止江南商业货币券的发行和流通，宣布“凡收该货币者，即以扰乱金融罪论”。1941年7月，日伪集中重兵开始对苏常太地区进行“清乡”。8月上旬，在日伪对澄锡虞地区实施第二期“清乡”前夕，新四军六师师部和江南区党委为适应斗争需要，决定撤销专署（即专员公署）、县、区三级公开的抗日民主政府。9月，日伪相继进入澄锡虞地区，实施第二期残酷“清乡”，根据地大部分地区重新沦为日伪统治区。此时，伪政权的“清乡委员会”到处张贴布告晓谕，要求“严密查禁江南商业货币券”。同年11月19日，又在苏州伪政权办的《江苏日报》上刊载《布告晓谕》“严密查禁使用”，并刊载了江南商业货币壹元券正背面照片，要求市民收到此钞立即焚毁，不得藏匿。江南商业货币券被迫停止流通，大批新券毁于战火。

江抗劳动战士荣誉奖章

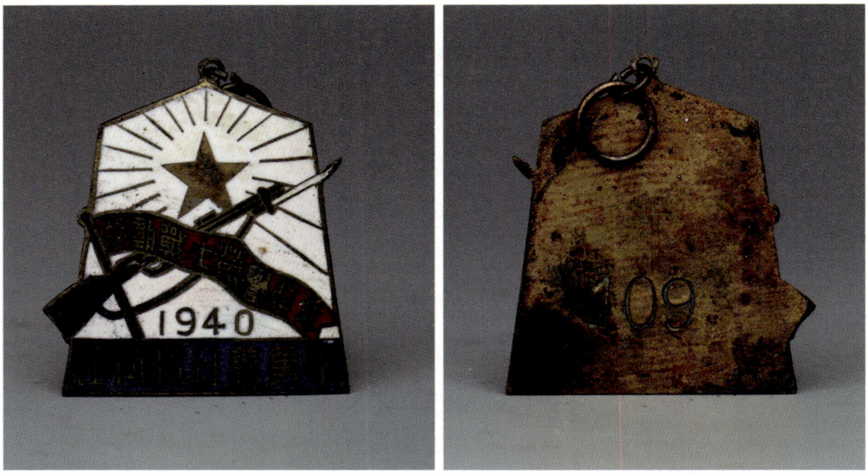

江抗劳动战士荣誉奖章

常熟博物馆藏。铜质，长4.4厘米，宽3.2厘米。这件江抗部队的文物是从常熟东乡一户农民处征集到的。该奖章为五边形，紫铜质地，正面涂珐蓝。上端图案是光芒四射的五角星，中间为飘扬的红旗与上着利刃的步枪相交叉，红旗上有“劳动战士荣誉奖章”字样。下端有“1940”和“江南抗日义勇军”字样。顶部有挂链，背面镌刻“109”编号。当时这种奖章一共制作了200枚。

东路军政委员会成立后，在江抗、民抗控制区内掀起了一场群众性的“红五月”运动。在运动中，通过组织纪念五一、五四、五九、五卅等活动，大力宣传爱国主义精神，激发广大群众的爱国热情。在“红五月”运动中，还通过宣传东路特委发布的《关于坚持东路抗战十大工作纲领》，向广大群众明确宣布了中国共产党坚持抗战、反对投降、坚持团结、反对分裂、坚持进步、反对倒退的主张，公开宣传江抗和民抗是中国共产党所领导的抗日部队，改变了前一时期所采取的秘密工作作风，大刀阔斧地开展工作，在苏常地区各阶层人民群众中间掀起了波澜壮阔的抗日热潮。通过“红五月”运动，苏常地区各种群众性的抗日团体有了很大发展，成员不断增加，机构更加健全，活动日益正常。许多地方性的抗日团体，开始在全县或区的范围内按系统联合起来。至1940年7、8月间，常熟、苏州两县的职工抗日协会已有会员3000多人，农民抗日协会有会员6000多人。常熟、苏州两县还建立了妇女、青年、商民抗日协会。仅常熟县参加妇女抗日协会的即有2000人，青年抗日协会近600人，商民抗日协会200多人。此外，常熟县还成立了小学教师抗日协会、医师抗日协会、宗教界抗日协会和渔民抗日协会。各种抗日协会积极开展活动，举办识字班，成立文化俱乐部，组织文艺宣传队，开展拥军劳军活动，做军鞋、军衣，募捐、义卖，为抗日事业贡献力量。为奖励在群众运动（“红五月”运动）和军事斗争中涌现出来的先进个人，以起到激励示范作用，时任东路特委代理书记的张英指派政治交通员康迪在上海定制了一批劳动战士荣誉奖章。经过“红五月”运动的宣传教育和各种抗日协会活动的开展，苏常各地普遍掀起了参军、扩军的热潮，“扩大武装，战胜日本强盗”，成了人们最关心和最迫切的任务。各乡都建立了不脱产的自卫队，许多青年踊跃报名参加区常备队，区常备队的战士则纷纷要求离乡参加主力部队。

新四军臂章

新四军臂章

常熟博物馆藏。纵5.9厘米，横8.4厘米。该臂章由粗布缝制，正面外廓为蓝底色，内廓为白色椭圆形。内廓印有“N4A”，N是英文单词NEW（新）的第一个字母，4是阿拉伯数字，A为英文单词ARMY（军队）的第一个字母。背面印有“国民革命军陆军新编第四军苏中军区，尽忠职务，严守纪律，实行主义，完成革命。字第2064号，一九四□年度佩用”字样。该文物1974年9月3日由陶剑华、胡敏夫妇捐赠。与臂章一起捐献的还有新四军线鞋、绑腿。

1941年1月皖南事变后，中国共产党对国民党顽固派的倒行逆施进行了针锋相对的斗争。1月20日，中共中央军委发布重建新四军军部的命令，任命陈毅为代理军长，刘少奇为政治委员。1月25日，新四军军部在苏北盐城重建，此款臂章为1941年1月新四军军部在江苏盐城重建后所使用的全军统一符号。其设计者是根据地的鲁迅艺术学院华中分院的一位美术教员，名庄五洲，他是抗战爆发后归国投身革命的一位爱国华侨青年。抗战胜利后不久，新四军英文缩写臂章不再使用，启用中文“新四军”字样的新臂章。

新四军军部在苏北重建后，1941年2月上旬，江抗东路指挥部所属部队改番号为“新四军第三支队”，谭震林任支队司令，下属建制不变；同时成立新的江南指挥部，由谭震林任指挥兼政委，统一领导苏南军事斗争。2月18日，中共中央军委发布命令，苏南新四军各部统一整编为新四军第六师，谭震林任师长兼政委。3月上旬，苏南新四军主力正式组建为新四军第六师，师长兼政委谭震林，参谋长罗忠毅。新四军第三支队整编为第六师第十八旅，旅长江渭清，政委温玉成，参谋长夏光，政治部主任张英，下辖第五十二团（原第二纵队），团长陈挺；第五十三团（原第一纵队），团长兼政委刘飞；第五十四团（原第三纵队），团长兼政委吴泳湘。4月上旬，又将丹北地方武装改编为第五十一团，团长张开荆，政委陈光，归第十八旅指挥。10月底，新四军六师十八旅奉命渡过长江到达苏中，担负起开辟和建设江高宝地区的任务。这件臂章的捐赠者陶剑华是位新四军老战士，抗战前期在常熟地区从事过革命斗争，曾是谭震林领导下的新四军江抗东路指挥部教导队军事教员。20世纪70年代初，他将“N4A”臂章及新四军线鞋、绑腿一起捐献给常熟文物部门。

丁树范写给家人的书信

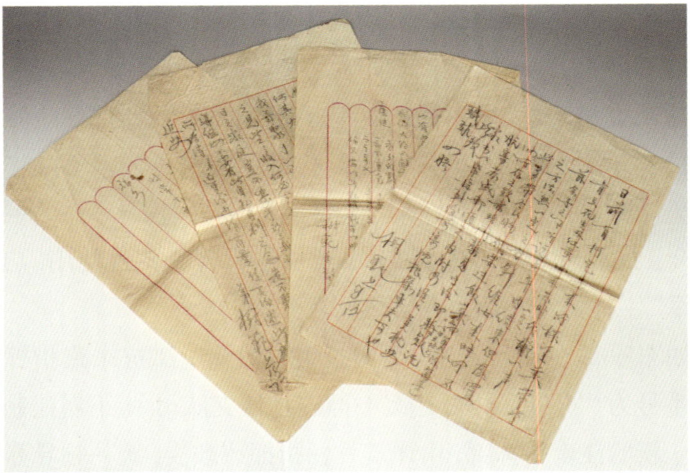

丁树范写给家人的书信

常熟博物馆藏。纵26.4厘米，横17.3厘米，纸质，共4页。这些书信是丁树范1941年被关押在苏州的江苏省第三监狱时分别写给母亲、妻子、姐姐的家书。内容如下：

（1）

母亲大人膝下敬禀者：

今日调赴三分监，应（因）该所不能通信，可（所）以草草禀告，所有要事，就是□秉衡及谢皮匠二人可以不要用，所有□分内之事，听儿媳玳球吧！八弟在周泾口亦可以时常去检查账目，就无误也。

此致禀福安。

男 树范

（2）

珉球：

今日晨月三分监，恐有常（长）久的时间，应（因）该所不能通信，所有□分内之事，一定是你去干吧！母亲处附函告通，簿册上的数字，在下面，如有农户的住址，可看父亲的三开二，在皮箱内，我们大约不解禁（京）矣，吃官司呢！此致康健！

亩分的数字：一亩二分三里（厘）七毛、十一亩八分五厘九毛、七亩七分三厘二毛。你只要以此类推，就可以明白了。

树范手启

（3）

日前有柯宅某来所探望并带些青豆、花生及红蛋，汝来苏时代谢一声。□余等之□听说在年内结束，但处置之方法无一定之方针，维汝来时可不必多带食物，只要过饭菜可矣（除酱菜）。汝所存之款亦将用罄，见字后即将款（四五拾元）托航寄苏或邮汇之，内附周泾口吴枕安家书一纸，接到后可寄沈根荣车夫可也。

此致珉球如晤！

树范上

（4）

秀英胞姐如□：

久未通函，一□甚歉。日前有珉球来苏，谈及继母分家之事，我姐知之否？弟甚为不妥。且兄弟三人均不在家，各自东西，自力更生。今有些收入就要有此举，何其太急也。若要在此时分家，须亲族我等聚于一室议之，则合于理矣。依弟之见，些些收入可必分之，同心协力恢复昔日之家庭，岂不乐乎？望我姐于二、四姑母劝导继母不要有此自私自利之念。若不听可任其所为，待弟返里后再作商量。深言浅述。此致近安！

弟 树范上

丁树范（1910—1942），江苏常熟徐市人。民国时期，在上海商业学校求学，毕业后在梅李当乡村小学教师，后承父业当了“经造”（经济人），与徐市程珉球结婚后定居徐市。抗战全面爆发后，丁树范受江抗、民抗部队抗日救国宣传教育，与其在徐市行医的弟弟丁树人于1939年参加抗日，1941年被任命为常熟县吴里区经济股股长。1941年日伪“清乡”时由于被叛徒出卖而被捕，被关押在苏州监狱，这几封信均写于在苏州关押时期。1942年4月，丁树范被杀害于苏州西园，是年32岁。

周醒民写给父母亲的明信片

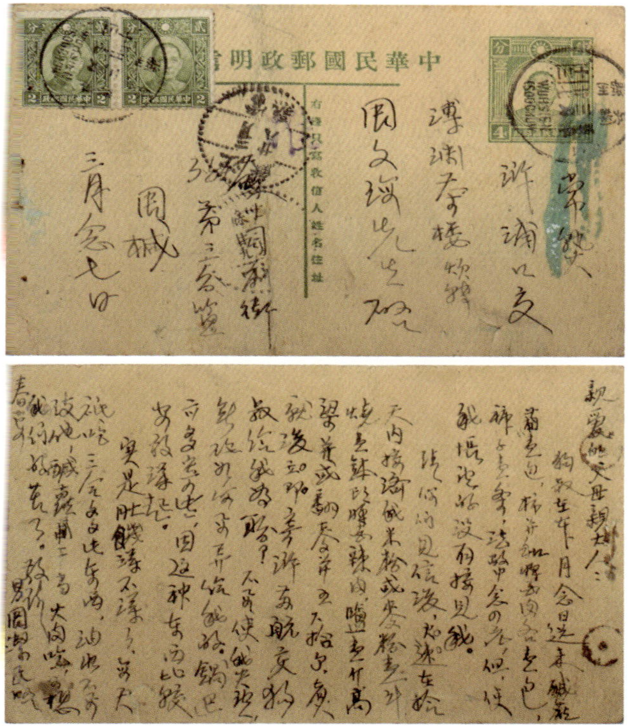

周醒民狱中书信

常熟博物馆藏。纵9厘米，横14厘米，纸质，明信片正面有邮戳，分别是吴县（苏州）、三月廿七/十三，江苏、三月廿八、常熟，江苏、三月廿九、□□；收件人：常熟浒浦口交，溥渊茶楼烦转周文海先生启；寄件人：苏州司前街第三分监，周械，三月廿七日。背面是信件原文，署名是周洁民。信件原文如下：

亲爱的父母亲大人：

狗叔在本月廿日送来咸萝卜壹包，柿并（饼）和酱肉各壹包，裤子一条，法币廿四元。但使我摄（失）望的没有接见我。

请你们见信后，火速在拾天内接济我米粉或麦粉壹斗，烧一钵头□□辣肉，盐一斤，高粱并（饼）或翻麦并（饼）五六拾个。煮就后立即寄浒苏航交狗叔给我为盼，不要使我失望，无论如何要弄给我的。锅巴亦多寄些，因这种东西比较安放得起。

实是肚饥得不得了，每天只吃三盒多东西，油水不要谈他，咸萝卜干当火肉吃，可想我们的苦了。

敬请春安！

敬致

男　周洁民顿首

周醒民（1916—1942），周洁民为其化名，幼年名周四，中共党员，浒浦人。曾就读于秦氏私塾，后去横泾乡腌腊店当学徒。1938年6月，参加中共常熟县委在塘桥举办的军事训练班，不久返回横泾镇，开展民运工作，团结进步青年，成立抗日团体。1939年6月，时任苏州县工委书记的翁迪民被胡肇汉监禁在洇泾附近。江抗负责人叶飞得知此事后，让江抗副总指挥吴焜到横泾，要求民抗择一得力干部送信给胡肇汉令其释放翁迪民，周醒民接受任务后深入虎穴送信，不畏艰险将翁迪民安全带出。1939年，周醒民以农民代表的身份出席常熟县各界人民抗日联合会成立大会，同年秋，加入中国共产党。1939年冬，任中共长亳（董浜）区委委员。1940年初，任中共横泾区委委员。1941年初，任长亳区自卫会主席；3至4月，任长亳区区长；4至7月，任雪长区委书记兼常熟县各界人民抗日联合会主席。当年7月，周醒民在反“清乡”斗争中被捕，关押在苏州，次年7月遭日伪杀害。这张明信片是周醒民被关押在苏州的江苏省第三监狱时写给父母亲的信，诉说监狱的艰苦生活。

苏常太工委第二次扩大会议记录

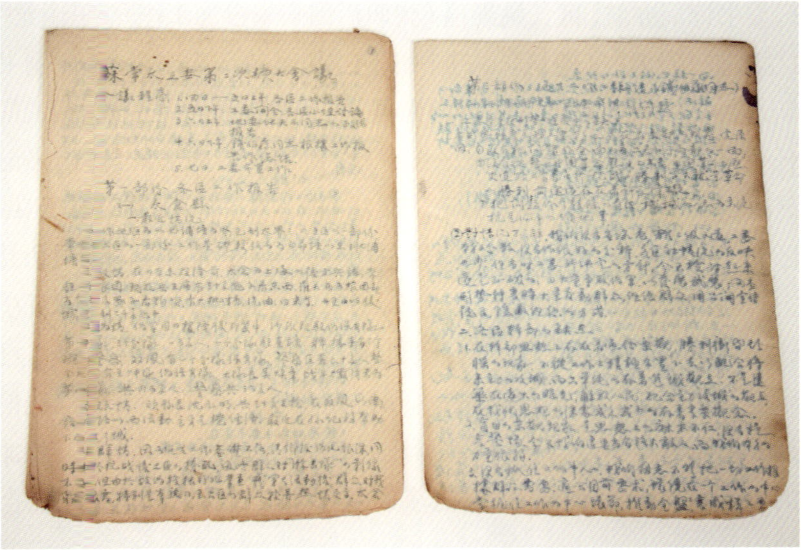

苏常太工委第二次扩大会议记录

常熟博物馆藏。纸质，纵19.5厘米，横13.8厘米，共18页，1945年9月4日至6日撰写，钢笔书写，字迹漫漶。1966年5月9日陈刚捐赠。

抗战胜利后，为让大家认清形势，1945年9月4日至6日，任天石在沈家市主持召开苏常太工委第二次（扩大）会议。会上，任天石作了政治报告，对国内形势作了分析，提出了大家必须清楚地看到内战危机的严重性，要求各区积极发动群众，巩固政权，有计划地进行统战工作，尽可能地将革命力量楔入空隙地带，发展武装，建设武装，扩大解放区。会上还作出了建立梅福等6个区委的决定，任命了区委书记和各区区长：梅福区委书记周亦航，区长姚崇俭（到职后因病未参加工作）、王瑞龙；古沈区委书记陆天虹（兼区长），副书记王涓；吴浒区委未设书记，副书记潘新，区长仲国鋆；东横区委书记朱英（不久朱英调至警卫团，由戈仰山接任），副书记吴枫声、卢毅，区长卢毅；何项区委书记朱青，副书记张文昌，区长徐翰青；任石区委书记朱文斌（兼区长），至10月，调入包昆林任区委书记。并决定除已建立的警卫团外，再建立常熟、太仓两个县总队，分别由陈刚和浦太福兼任总队长，各区设立区中队，由区长兼任中队长；有计划地整顿健全县、区行政机构。还就征粮、发展党组织、建立隐蔽地下军等工作作了具体部署。同时，宣布成立苏常昆太行署。钱伯荪任行署主任兼常熟县县长，浦太福任行署副主任兼太仓县县长。参加会议的有陈刚、杨增、戈仰山、钱伯荪等，据推测，这件文物是陈刚在会议上的记录。

陈刚（1913—1992），曾用名陈振华，常熟梅李人。1934年加入李建模等组织的进社，同年参加武卫会常熟分会并加入中国共产党。全面抗战时期，参与民抗部队的创建，后加入江抗部队。解放战争时期任苏常太工委书记、苏常昆太武装工作队队长，长期坚持原地斗争。新中国成立后曾担任常熟县委领导。

抗战时群众破坏敌人交通线的铁锄

抗战时群众破坏敌人交通线的铁锄

常熟博物馆藏。铁质，长27.5厘米，宽6.5厘米，高5.5厘米。1981年2月28日，由白茆镇的厉根金捐赠。

1941年，日伪在苏常太地区“清乡”后，党在苏南东路地区的斗争方针由建立游击根据地转变为“长期隐蔽，积蓄力量，坚持斗争”。1941年初，任天石在苏北海门等地领导苏常太地区的恢复工作。1942年冬，薛惠民也参与此项工作。1943年3月，任天石调往苏中区党委工作，恢复工作由薛惠民负责。任天石、薛惠民先后派杨增、朱青、周亦航、仲国鋆等到达苏常太地区，以社会职业为掩护，联系、寻找失去关系的党员，接上关系后，一些党支部（小组）恢复活动。1943年3月，薛惠民到达上海，召集已在江南的戈仰山、徐政、仲国鋆等开会，决定将苏常太地区单一的秘密工作转为秘密工作和武装工作相结合，逐步把敌“清乡”区恢复为抗日游击区。5月，由徐政等7人组成的短枪武装小分队渡江到达梅李乡下，与戈仰山会合。又过了1个月左右，朱英率陆小康等3人南下。到1944年8月，小分队建立了吴市、唐市、梅南、梅北4个武装工作组。有些党的基层组织得到恢复。在恢复党组织条件尚不成熟的地方，则以党员为核心，吸收积极分子建立“兄弟十人团”等组织。在武工队的领导下，各地党组织带领党员和积极分子开展各种形式的抗日斗争，其中有破坏敌人交通线等工作。

白茆镇农民20多人在党的领导和影响下，在1943年9月某日，在鲇鱼口（古里镇团结村）段的公路上挖了4条深沟，拆毁桥梁，断绝了敌人的公路交通。顾根金就是用这把铁锄去公路挖沟的，当时一同参与破路行动的还有戴苟生、吴阿弟，群众的破路行动密切地配合了武工队的抗日斗争。

江抗后方医院使用的医疗器械

江抗后方医院使用的医疗器械

医疗器械包括眼杯、针筒、量杯。眼杯，玻璃质地，漏斗状，高9厘米，直径2.5厘米，用于眼科检查；针筒，玻璃质地，圆柱形，高9厘米，直径2.5厘米，为江抗后方医院给伤员打针的器械；量杯，玻璃质地，圆锥形，高12厘米，直径2厘米，为江抗后方医院测量液体体积的器具。这些均为当年江抗后方医院使用的医疗器械，保存完好。2003年由常熟博物馆调拨到沙家浜革命历史纪念馆。

1938年5月，中共常熟县委重建。8月初，中共常熟县委建立常熟人民抗日自卫队（简称“民抗”）。因战事频繁，民抗队员急需医护帮助。县委书记李建模、民抗负责人任天石等决定创建民抗后方医院。1939年1

月，常熟县委书记李建模到上海，动员上海同仁医院的医生张贤和庞露夫妇到常熟创建民抗后方医院。2月上旬，张贤、庞露夫妇携带药材器械离开上海，到达常熟民抗所在地——苏家尖莲荡浜创建了民抗后方医院。张贤为院长兼医生。这几样留存下来的医疗器械即是张贤夫妇从上海带来的，当年这对夫妇舍弃舒适的城市生活，来到常熟开始了危险而艰苦的抗日生涯。

1939年5月江抗东进后，民抗后方医院和原六团卫生队合并改称为"江抗后方医院"。由六团卫生队队长林震任院长，叶森任政治指导员，张贤改任医务主任。随着抗日斗争的发展，党组织从上海各大医院动员了不少医护人员来到后方医院。1939年秋，江抗主力西撤，江抗后方医院度过了一段最困难的日子。江抗西撤时留下了数十名伤员在后方医院养伤。当时，医院处在四面受敌的情况之下，既无部队依托，也没有固定地址，只能频繁地在横泾一带的水网地区转移，农家的屋舍、牛棚、船坊是伤病员的病房，卸下的门板搁在长凳上就是病床。有时伤病员被分散安置在各个村落中，医护人员由地下党员和群众划着小船带到各医疗点巡逻治疗。1939年12月27日，江抗后方医院移驻横泾曹家浜，遭昆山日军偷袭，在群众的掩护下，许多伤病员和医护人员脱离危险。但仍有20多人被押往昆山，伤病员章立、许冠生等8人不幸牺牲。当时在后方医院养伤的伤员也成为江抗西撤后保留在苏南东路的革命力量，后来新江抗就是以这批伤员为骨干组建而成的。

1940年夏，东路部队移驻澄锡虞地区，扩大武装，发展根据地。江抗后方医院由林震、张贤带领一部分医务人员随之进到澄锡虞地区设立疗养所，在无锡黄土塘、张缪舍一带活动，所长张贤。在苏常太的江抗后方医院则由林立负责。林震负责江抗医疗卫生工作。在1940年12月13日的张家浜战斗中，二纵队卫生队队长赵熙和卫生员潘立元牺牲。医务卫生工作人员艰苦奋斗、不怕牺牲，全心全意为伤病员的事迹在部队传颂着，江抗东路指挥部司令员谭震林写下一首《白衣战士颂》，刊载于当年的《东进报》，表达了他对医务人员的赞扬与期望。

江抗后方医院伤病员使用过的搪瓷碗

江抗后方医院伤病员使用过的搪瓷碗

沙家浜革命历史纪念馆藏。搪瓷碗直径10厘米，高6厘米，里面是白色的，外面印有图案，有破损。这只搪瓷碗是抗战时期江抗战士在阳澄湖畔养伤时使用过的。2006年由常熟博物馆调拨到沙家浜革命历史纪念馆。

1939年5月，江抗东进，江抗部队医生梁玉贵将一批伤病员送到常熟民抗后方医院。随着伤病员的增加，工作人员也陆续增加，壮大了医疗队伍。上级决定在常熟民抗后方医院的基础上，将江抗（原六团）卫生队与之合并，成立江抗后方医院。江抗在地方武装的配合下打击敌伪顽匪，袭击了日军占领的浒墅关火车站和虹桥机场，大大振奋了东路地区人民的抗日斗志，扩大了抗日游击区，壮大了抗日队伍。由于战斗频繁、生活艰苦和高温天热，伤员和生病的干部战士较多，他们陆续进入了后方医院。

1939年9月下旬，鉴于国民党第三战区不断向新四军施压并频频挑起战端，为团结抗日、避免与国民党“忠义救国军”发生进一步冲突，江抗主动西撤，在常熟留下数十名伤病员于后方医院。后方医院既不在后方，也无固定驻地，更没有武装保护，后方医院的医护人员在地方党组织和人民群众的掩护、帮助下，流动于游击区的各村庄之间。为了应付敌情，每天下午四五点钟就吃晚饭，摸黑转移，由群众摇船运送，在到达新的宿营地后，由医护人员巡视伤病员并留夜班人员值班。天明后，派出观察哨，其他同志进行医治、护理。农家的屋舍、牛棚、船坊是病房，卸下的门板就是病床和手术台。敌情紧张时，伤病员白天隐蔽在船上，日常的医疗、护理、饮食也只能在船上进行。这只搪瓷碗就是伤病员用来吃饭、喝水的生活用品，当时不管后方医院流动到哪里，搪瓷碗等生活常用品都是医护人员随身携带的物品。

1939年11月，由江南特委代理书记张英主持，东路地方党、江抗、民抗三方负责人在唐市东土地堂举行会议，决定成立江南抗日义勇军东路司令部，建立以痊愈的伤病员为骨干的新江抗部队，夏光任司令、杨浩庐任副司令，黄烽任政治部副主任。由痊愈的伤病员为主组建特务连，坚持原地斗争，为坚守苏南东路抗日游击区作出了贡献。

当地民众为新四军制作军装使用的工具

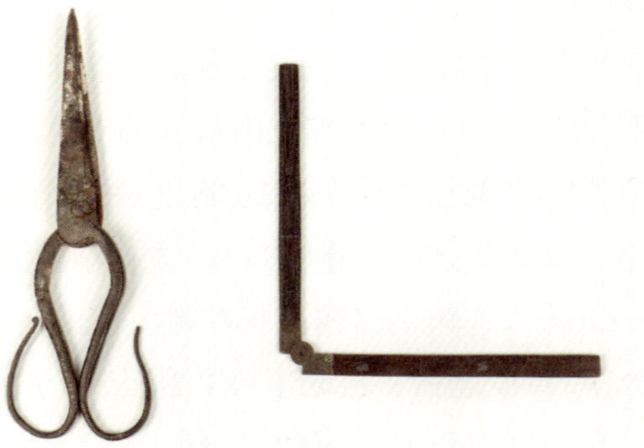

当地民众为新四军制作军装使用的剪刀、木折尺

沙家浜革命历史纪念馆藏。为一把剪刀和木折尺。剪刀，铁质，长20厘米，宽18厘米，这种大剪刀主要是用来裁剪面料的；木折尺，木质，V字形，长35厘米，宽10厘米，是做服装时用来量尺寸和画线的。2006年由常熟博物馆调拨给沙家浜革命历史纪念馆。

1940年4月，谭震林奉命来到常熟，成立东路军政委员会，谭震林任书记，统一领导苏南东路地区的党政军工作。谭震林和东路军政委员会坚决贯彻党中央“在江苏境内……尽可能迅速地并有步骤有计划地将一切可能控制的区域控制在我们手中，独立自主地扩大军队，建立政权”的重要指示，大刀阔斧地发展抗日武装和创建东路抗日根据地，各项工作出现蓬勃发展的新局面。5月，在东路地区掀起群众性的“红五月”运动，通过组织纪念五一、五四、五九、五卅等活动，激发广大群众抗日热情，在东路地区组织建立各种抗日协会。各抗日协会拥军劳军，开展包括做军鞋、军衣等活动，为抗日贡献力量。

新四军组建初期，服装是由国民政府配给的，但是国民政府配置的服装只够刚刚改编时候的几万人，随着新四军队伍的不断成长壮大，军服已经远远不够。叶剑英曾用“只枪、颗弹、文钱、粒米”来形容抗日战争时期国民党对中共部队的后勤供应。鉴于这种情况，我军只能自己生产军服。1940年8月，江抗东路指挥部在常熟设立了后方留守处，留守处领导唐市、董浜两个办事处，后方医院以及枪械修理所、军服加工厂等。全面抗战初期，唐市镇中心桥西有沈丙福开的“祥记”裁缝店，为补充军服，江抗东唐市办事处主任蔡悲鸿找到沈丙福，邀请他制作新四军军服。沈丙福联络了镇上部分裁缝师傅如毛兴林、李惠良、钱永娟等，连同店里的学徒共计10多人在镇上河西街张姓地主家的落脚屋里，利用11台缝纫机，分工合作，日夜赶做，主要缝制军需服装、子弹袋等。做军衣的布料为灰细布和草绿色布，是由部队供给的，但有时缺货，就委托沈丙福购买，唐市缺货时，沈师傅还要到苏州、上海去采购。自1939年底起至1941年6月底，多次下乡，每次十天半个月，为新四军缝制军服。1940年7月，该铺迁至厍浜，扩大办厂，由政府投放棉布委托加工。此外，在淼泉、徐市两地，还各有一个由10来名裁缝师傅组成的军服加工组，为部队加工服装。1939年夏，以徐市陈锡司为负责人的徐市成衣同业工会成立。陈锡司组织了几个裁缝专为新四军缝制军装。为了躲避敌人的耳目，他们流动于乡间，徐市镇沈巷村的皇家巷和钱家角是两个主要场所，先后为新四军缝制军服、衬衣衬裤300多套及大量的绑腿布，其中有一次突击加工了军帽、军衣、内衣和绑腿布1000套。1940年，裁缝出身的淼泉陈庄支部书记吴启默变卖家里的土地、家财用以购买布匹，带领当地5名裁缝忙碌了整整25天时间，为新四军战士赶制了400套军服。

沙家浜革命历史纪念馆藏的剪刀和木折尺正是常熟师傅为新四军生产军服使用的工具，当年这些裁缝师傅们冒着风险，为江抗部队缝制了一批又一批的军服等用品，为保障江抗的后勤工作作出了贡献。

当地民众为新四军做的布鞋

当地民众为新四军做的布鞋

沙家浜革命历史纪念馆藏。布鞋长26厘米，宽8厘米，青黑色，内圈为黑色包边，后部有两根黑色绑带，鞋边一周用白线缝制，这一针一线体现了人民群众对新四军的深情厚谊。2006年，由常熟博物馆调拨给沙家浜革命历史纪念馆。

1940年10月，常熟县妇女抗日协会专门成立了劝募寒衣行动委员会，将劝募所得悉数捐给江抗部队。《大众报》《江南》经常刊登民抗总部、江抗政治部、新四军休养所和后方医院的鸣谢启事，启事有募献者名单、物品名称、金额等。《大众报》上有一首蒋锡金为劝募寒衣而创作的歌词："秋风起，秋风凉，江抗民抗打东洋，江抗民抗上战场，我俚在后方，多做几件棉衣裳，帮助他们打东洋。打东洋，打东洋，一直打到鸭绿江。"这首歌曲在抗日游击根据地的妇女中广泛传唱。做军鞋是妇女支前的一项具体任务，各地妇女组织积极动员妇女拥军支前，动员妇女做军鞋，有的妇女在鞋底用红线绣上"拥军支前，多杀鬼子"等字，鼓励战士多杀日寇。仅横南乡每次集中后送到部队的军鞋就有200多双。唐市卢爱金回忆，每次集中送往部队的军鞋总有满满的一船舱。

这双极其朴素的军鞋，是成千上万双鞋子中普通的一双，但它非常幸运地留传了下来，体现了抗战时期军爱民、民拥军的情怀。

叶飞关于“沙家浜的意义”的题词

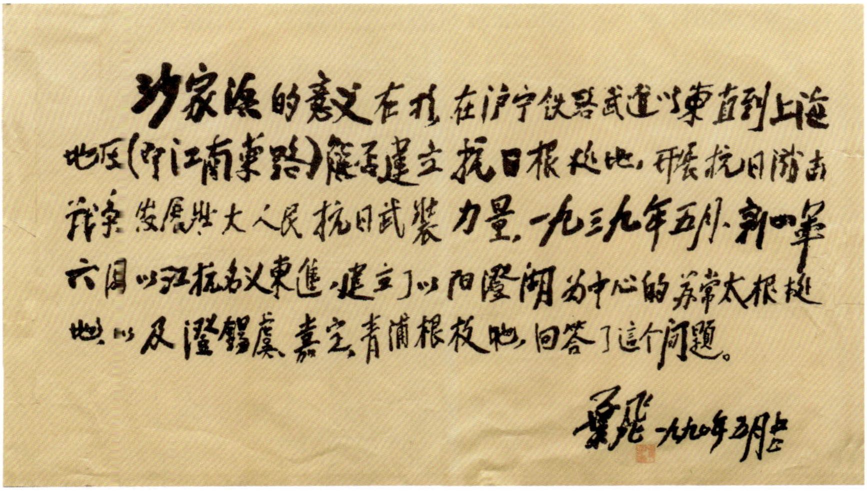

沙家浜的意义在于：在沪宁铁路武进以東直到上海地区（即江南東路）能否建立抗日根据地，开展抗日游击战争，发展壮大人民抗日武装力量。一九三九年五月，新四军六团以江抗名义東進，建立了以阳澄湖为中心的苏常太根据地，以及澄锡虞、嘉定、青浦根据地，回答了这个问题。

葉飛 一九九〇年五月書

叶飞关于‘沙家浜的意义”的题词

纸质，纵36厘米，横64厘米，题词内容为“沙家浜的意义在于，在沪宁铁路武进以东直到上海地区（即江南东路）能否建立抗日根据地，开展抗日游击战争，发展壮大人民抗日武装力量。一九三九年五月，新四军六团以江抗名义东进，建立了以阳澄湖为中心的苏常太根据地，以及澄锡虞、嘉定、青浦根据地，回答了这个问题。——叶飞 一九九〇年五月书”。1990年5月，叶飞重回战地，在沙家浜革命传统教育展览馆题写。

1939年5月，叶飞率新四军六团以江抗名义东进抗日。5月中旬到达常熟横泾、唐市地区，即今沙家浜镇，开辟苏常抗日游击区。

横泾、唐市地区是当年东路抗战的核心地区，江南特委、苏州县委、苏州县政府、江抗办事处先后设在唐市，后方医院在境内流动，新江抗在境内成立，军民鱼水情深、团结抗日，狠狠打击了敌人。20世纪七八十年代，横泾公社（后改名“芦荡乡”）先后建立了沙家浜革命传统教育陈列室和沙家浜革命传统教育展览室（馆）。利用抗战旧地建立后方医院、印报所、修枪所、歼敌弄、庆功场等革命教育景点，开辟芦苇荡景区。

1990年5月5日，时任全国人大常委会副委员长的叶飞回到战斗过的常熟。他在常熟市委以及芦荡乡党政负责人的陪同下，步入沙家浜革命传统教育展览室（馆），认真观看展览内容，当他看到铁流东进展版时，深有感触地说：“当年都是陈老总的果断决策。陈毅同志力排众议，一人承担风险，是他派我来到东路的……”

叶飞讲起当年的战斗岁月，说水乡地区有三个好：一是人民群众好，如果没有这样的人民群众，我们的部队就站不住脚跟，是建立不起抗日游击根据地的；二是地理条件好，到处是泽国，河湖港汊有利于打游击；三是有天然的芦苇屏障，茫茫一片芦苇荡掩护过我们多少好战士，是同敌人周旋的好地方，比北方的青纱帐还要好。

叶飞对馆名“沙家浜革命传统教育展览室（馆）”提出意见，他建议叫“沙家浜革命传统教育馆”，以教育为主，并题写了“沙家浜革命传统教育馆”，当天还题写了“沙家浜的意义”的著名题词，现在这份高度凝练了沙家浜革命斗争意义的题词保存在沙家浜革命历史纪念馆里，成为研究东路抗战的权威资料。

胜利号角

人民解放军苏常昆太武工队袖标

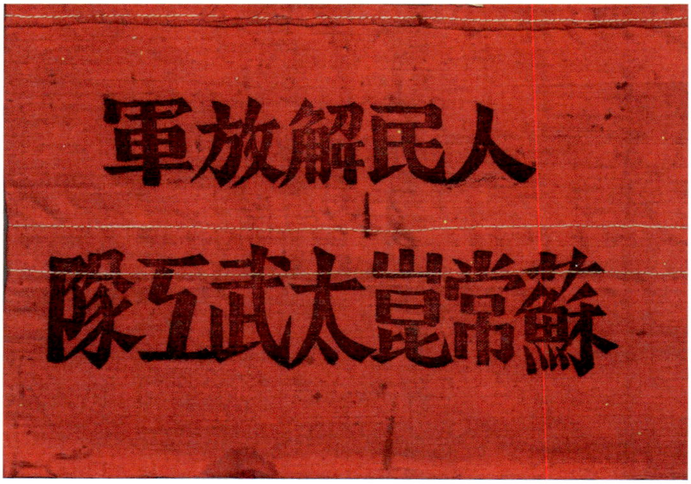

人民解放军苏常昆太武工队袖标

常熟博物馆藏。袖标为红色麻布，纵12.7厘米，横18厘米。印有“人民解放军苏常昆太武工队”字样。周行陆金寿捐赠。

1942年开始，任天石和薛惠民等同志先后从苏北返回常熟，联系原地下党员和积极分子，恢复党组织，开展抗日游击斗争。1944年9月建立武工队，至抗战胜利前夕，苏常太抗日游击区基本恢复。1945年11月，根据《双十协定》，苏常地区的新四军北撤。为迎接新的考验，1945年11月18日，苏常太工委成员和各区选留下来的武工队队员集中在周泾口附近，举行工委会议和第一次武工队员大会。会议部署了苏常太地区的工作，并宣布新四军苏常昆太武装工作队正式成立，陈刚兼任队长。苏常昆太武装工作队由30名队员组成，分成3个小队（又称"大组"），按地区分管吴浒太、东横任石、梅南梅北3个片区。与此同时，国民党正规军与地方武装相配合，开始对苏常昆太武工队"武装清剿"。1946年，蒋介石悍然撕毁《双十协定》，大举围攻中原解放区，发动全面内战。国民党对武工队也由原来的所谓"剿匪"公开改成"剿共"，苏常太工委决定采取"积极坚持、向外发展、开辟新区、扩大回旋余地"的方针，减轻武工队活动中心区的压力。1947年1月，国民党青年军二〇二师二旅三团进驻常熟，"清剿"达到疯狂地步。苏常太地区的斗争进入了最困难、最艰苦的阶段。留在苏常太地区的工委成员陈刚、徐政和武工队队员坚持隐蔽斗争。武工队贯彻"坚持向外，抽空中心区""穿插活动"方针，与敌周旋，武工队活动范围逐渐扩大，队员人数有了很大增加，党的组织也有了很大发展，到1949年4月，全县共有党员530多名。正是有了人民群众的掩护和支持，武工队才能在敌人残酷反复的"清剿"中，不仅有效地保护了自己，减小了损失，还不断发展壮大了队伍。1949年4月20日，国民党政府拒绝国共双方代表团经谈判所拟定的和平协定。4月21日，毛泽东主席、朱德总司令发表《向全国进军的命令》，人民解放军渡江作战。23日，人民解放军占领南京，国民党反动统治覆灭。4月27日，朱英大队长带领苏常昆太武工队进入常熟县城，宣告常熟解放。苏常昆太武工队入城后，佩着这一红色袖标的队员在常熟城区站岗放哨，维持秩序，常熟人民迎来了崭新生活。

陈刚撰写的《苏常太反租总结》

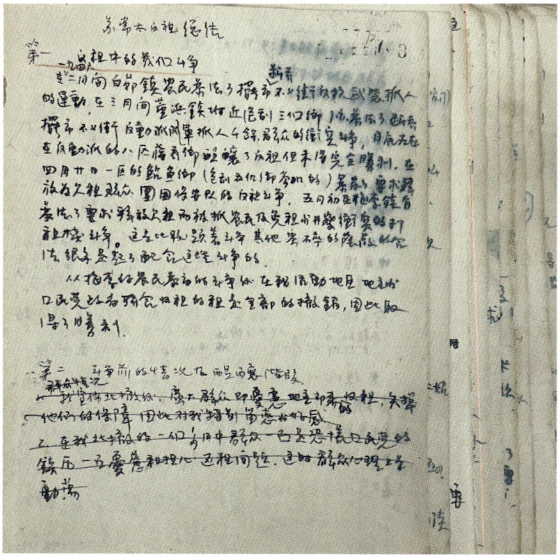
苏常太反租总结

《苏常太反租总结》

常熟市档案馆藏。这份标题为《苏常太反租总结》的讲话稿纵18厘米，横13厘米，原稿共17页。作者为陈刚，日期为1947年10月初。这份《苏常太反租总结》报告真实反映了1946年至1947年在苏州、常熟、太仓地区我党组织发动群众同国民党当局进行反租斗争的总体情况。

陈刚（1914—1993），原名陈振华，常熟梅李人。1934年8月，参加中华民族武装自卫会（简称“武卫会”），从事抗日救亡工作，是年10月加入中国共产党，翌年5月到上海秘密接受党的短期教育。1938年8月，参与组建常熟民抗二分队。后任新四军新二团连政治指导员，兼任团政治处营特派员、新四军一师二旅、苏中二军分区九团营教导员，旅政治部组织干事和组织科副科长。1944年5月，任苏中区六地委苏常太工委委员。1945年，任京沪路东中心县委委员兼苏常太工委书记。新四军苏常昆太武工队成立后，兼任队长，领导了反“清剿”斗争。

抗日战争胜利后，国民党当局在部署对共产党实施军事“清剿”活动的同时，还加紧了对人民的经济压榨，设立常熟县税收征收处，宣布于1945年9月开始征收屠宰税、房捐、营业牌照税、筵席娱乐捐，紧接着又以收购军粮为名取消了在抗战胜利不久时发布的“免粮一年”的诺言，开始征收田赋，以加强其反动统治和推进其所谓“剿匪”活动。12月4日，国民党常熟县政府“追租处”成立，限令全县各佃户于12月15日前缴纳本年田租，声称待缴租限期届满，即派武装人员下乡催租。并规定“凡未经武装追租者”，租额“依每石收七斗计算，而经武装提追者，每石依七十五升计算”。不久，便从唐市开始，陆续在全县各地设立了租栈。为此，中共苏常太工委对当时的农村形势作了分析，认为在武装力量无法进行反“清剿”斗争的时候，必须集中力量在群众中发动一场反租斗争，将农民自发的抗租活动引导上升为一场有组织、有声势的斗争，这既是维护群众利益的需要，又能借此配合武工队粉碎国民党的“清剿”。会议后，在陈刚的领导下，武工队员和地下党员立即分头贯彻工委决定的精神，发动群众，在各地掀起了抗暴抗租的斗争，其中规模和影响最大的是白茆、古里两地，群众奋起斗争，迫使两地租栈撤销，取得抗租斗争胜利。之后，全县各地接连爆发了一系列抗租事件，斗争范围逐步扩大，遍及全县各大小集镇，且发展到吴县、太仓等邻县农村。抗租斗争的胜利，表明苏常太地区党组织和武工队的斗争水平有了新的提高。

1947年10月初，陈刚在苏中十地委扩大会议上讲话，总结了苏常太地区的反租斗争工作。这份讲话稿后来一直由我党地下工作者宋以天保存，于1987年捐赠给常熟市档案馆。该份解放战争时期留下的反映我党领导的反租斗争的文献具有较高的历史价值，是一份重要的革命文物。

《京沪各县一般情况调查提纲》

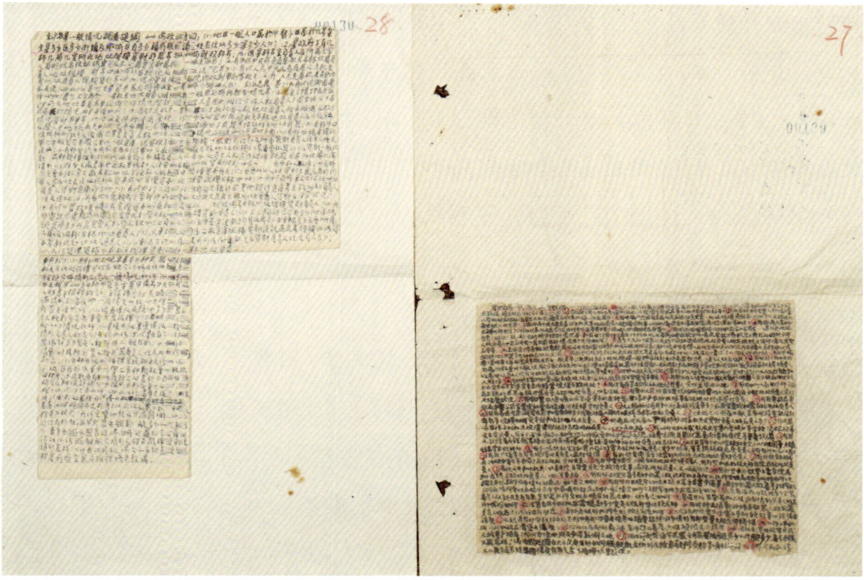

《京沪各县一般情况调查提纲》

常熟博物馆藏。《京沪各县一般情况调查提纲》为纸质文件，文物纵10.2厘米，横13.1厘米。该提纲文字小而密，便于保存和传递。主要内容如下：

一、伪政治方面

（1）地区一般人口。（2）县政府下有几科几局几室。（3）伪县科各室负责人。（4）有何伪中央或省直属机关。（5）有何人为中央及省直属后方机关。（6）有几人为民意机关内部关系。（7）有何伪御国团体。（8）因省JP县JP及各区PP所在地址委员名单组织分布情况。（9）青年T民社T及其他反动T派社团。（10）各派系特务组织系统。(11)有哪些国际特务的机关及组织。

二、经济公共企业方面

(1)有哪些粮库、服装皮革厂及其他。(2)有哪些伪中央或省属的轻重业工厂。(3)哪些工厂是属于党团政军特私人经营的。(4)有哪些主要的私营工厂。(5)有无外国人经营的工厂及商行。(6)有何省或县立合作社。(7)有何四行二局的分行分局。(8)有无四大家族或主要战犯经营的大公司、大商店。(9)有何国营牧场、矿山或官僚资本的蚕种制造场。(10)有无电话局、电报局、水电公司。(11)大小轮船公司有多少附属码头仓库。(12)有无长途汽车公司。(13)火车站有几处。(14)邮局在何处。(15)有何盐场、水利机关。

三、文化方面

(1)有几所公私立教会大学。(2)有无民教馆、图书馆、藏书楼、公园、体育场、博物馆设备。(3)城区有多少中小学校。(4)有多少通讯社。(5)有无广播电台。(6)有哪些官僚资本经营的印刷所。(7)有哪些官办的书局。(8)有哪些官办医院。(9)其他公共事业机关人。(10)有哪些中外教堂。

四、军事方面

(1)有哪些正规军番号、兵种、武器等。(2)有哪些非正规军。(3)伪省保团在该地多少武装。(4)县保警队县常备队人数分布情形。(5)全县各区乡自卫队武器总计。(6)有何特"清剿"的特务武装。(7)各种各级的指挥系统相互关系如何。(8)城区有哪些军事防御工事。(9)沿铁道有哪些设防之处。(10)国防工事如何。(11)线处江面哪处最狭。(12)沿江及港口乱军警戒及检查户口否。(13)沿江有哪些海军武装。(14)有何飞机场。

1947年9月1日，中共中央向全党发出《解放战争第二年的战略方针》，提出我军第二年作战的基本任务：举行全国性的进攻，即以主力打到外线去，将战争引向国民党区域，在外线大量歼敌。为了适应解放战争形势的发展变化，统一和加强华中地区党、政、军领导，改变华中分局并入华东局后只留下两名委员在华中主持工作的局面，华东局于9月12日决定组建中共华中工作委员会（简称“华中工委”），陈丕显任书记。11月10日，华中工委正式成立，属华东局领导。解放战争后期，中共为接管大中城市做准备，着手城市调查工作。1948年9月，负责长江流域、西南各省等处地下工作的中共中央上海局给南京地下市委发出指示信，要求“研究敌人政治、军事、经济的动态”，并提出“今后必须一齐努力，共同注意不断地了解研究，按时报告上级，如关于敌人重要决策、派系任务的动态及其主张、重要会议内容，外交动态、经济动态……实行分工合作，分头亲自动手，随时整理与研究材料（指一定的人员）……对于今后管理大城市的调查研究工作亦必须有计划去进行，坚决执行中央的指示，并研究华北各大城市管理城市的新经验”。这份指示信中还明确了管理与接收的具体步骤准备，其中头等重要的就是进行调查研究，“把调查工作由少数专人负责的习惯转变成为全党群众团体一种经常工作，渗透到日常工作中去”。

自1948年12月30日新华社在《新年献词》中宣告了“1949年中国人民解放军将向长江以南进军”以后，中共华中工委江南工委发出指示：“对敌军事情报的不断收集和对城市敌党团特务与官僚资本的调查，二者均是当前的重要任务。”据此，各地地下党迅即作出部署，要求所有党、团员充分利用自身条件，积极开展敌情收集工作，配合大军渡江和江南解放。这份《京沪各县一般情况调查提纲》就是为开展调查工作所列出的指导内容。

《京沪各县一般情况调查提纲》对江南隐蔽战线党员开展城市调查起到指导作用，一大批对当地敌情和社会情况的调查研究被整理成资料，送往苏北解放区。这些调查资料对准备接管解放城市的南下党政干部来说，是十分珍贵和重要的资料，为解放、接管、建设江苏各大城市提供了第一手信息，对后来解放和接管苏南城市起到了很大的作用。

华中工委编印的《常熟概况》

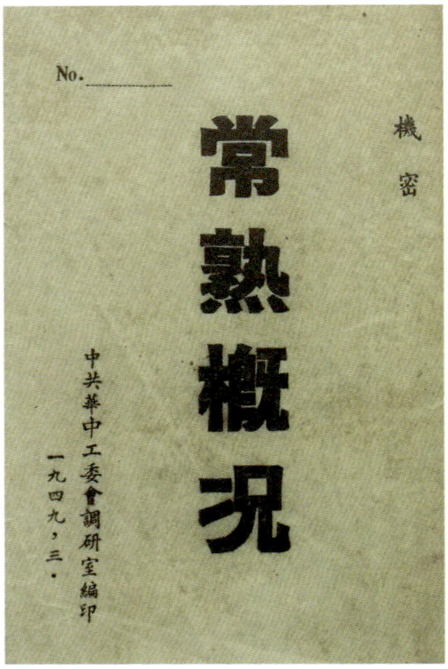

No.

機密

常熟概況

中共華中工委會調研室編印

一九四九，三．

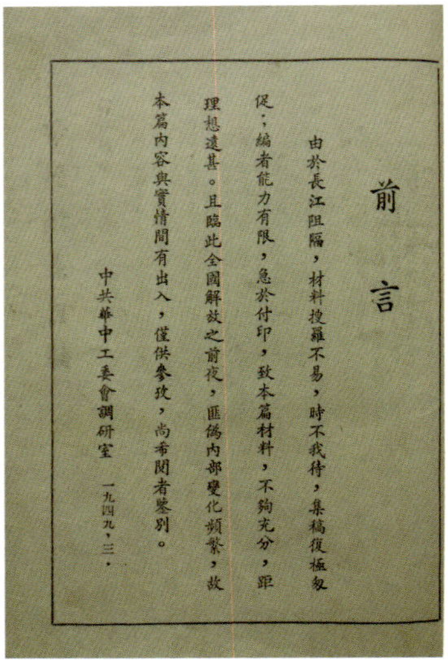

前言

由於長江阻隔，材料搜羅不易，時不我待，集稿復極匆促；編者能力有限，急於付印，致本篇材料，不夠充分，距理想遠甚。且臨此全國解放之前夜，匪偽內部變化頻繁，故本篇內容與實情間有出入，僅供參攷，尚希閱者鑒別。

中共華中工委會調研室　一九四九，三．

中共华中工委会调研室编印的《常熟概况》　《常熟概况》前言

常熟市档案馆藏。这份名为《常熟概况》的小册子纵17.8厘米、横12.8厘米、厚0.7厘米。封面中间为“常熟概况”四个黑体大字，右上角为“机密”两字。左下角署名为“中共华中工委会调研室编印”，日期为一九四九年三月。

为迎接解放，1949年初，常熟的地下工作者按照华中九地委江南工委的要求，秘密搜集常熟各方面的情况，编纂城市调查资料。编纂城市调查资料并非易事，当时常熟还处于国民党的高压统治之下。从目前的档案记载和文献看，调查根据每一个单位、每一位党员与干部的情况，确定具体调查研究任务，并规定向组织作报告的制度与时间，每个组织与群众团体指定专门干部成立调研组，专门负责整理从各方面收集到的材料并进行初步研究。调查任务下达后，潜伏于城市的中共地下党员开始利用各种关系，采取各种方式，全面搜集敌情和社情。他们有的打入敌人内部收集情报，有的从公开的报纸刊物上整理、分析有价值的信息，甚至战场上缴获的国民党资料、俘虏交代的材料也成为他们编纂城市调查的参考。在常熟的苏常昆太武工队所属城区秘工通过多种渠道搜集敌人军事、政治、经济各方面的情报和社会各阶层动态资料并送往苏北。由华中工委编成《常熟概况》，以供常熟县委和武装部队在解放和接管常熟时使用。

隐蔽战线交通员传送情报的烟筒

传送情报的烟筒

常熟博物馆藏。长5厘米，宽6厘米，高12厘米。该文物为木质，原为储藏烟叶的装具，解放战争时期，在苏南的我方情报员收集到情报后，为秘密传递，将情报暗藏其中，在传递情报时携带使用。

抗战胜利后，依据国共双方签订的《双十协定》，苏南东路地区的党政军人员渡江北撤，但是在常熟地区的斗争并没有结束。苏常太工委领导苏常昆太武工队坚持原地斗争，同时开展隐蔽战线的秘密工作，在秘工、情报和交通战线上工作的同志，为人民解放事业作出了特殊的贡献。1945年9月，中共华中十地委成立以后，在重建苏常太工委的同时，又向苏常太地区调了一批特派员和交通员。由于苏常太地区环境险恶，工委又将部分武工队队员疏散隐蔽并转为秘工或交通员。为在反“清剿”斗争中全面掌握敌情，工委自1946年初就在常熟城区建立秘工关系，搜集敌人情报。之后，由秘工从城区送往工委的情报始终未断。1948年2月，华中十地委常委兼苏常太工委书记包厚昌在吴江会议上又着重部署了秘党工作，研究了把秘密斗争坚持到底的问题，将秘党力量作了充实调整。吴江会议后，工委指示城区秘工打入敌人组织，面目更加隐蔽起来。城区秘工提供的情报，使武工队的活动更加机动灵活，敌人的“清剿”屡屡扑空。

担任交通工作的同志往来于敌人严密封锁的长江南北，穿梭于江南敌占地区之间，身携重要的机密材料，视党的机密重于生命，置个人生死于度外。他们一次又一次通过敌人的封锁检查，出色地完成了任务。这件文物就是当时我方情报员将情报暗藏在烟筒内，交给交通线上的同志，再由交通员秘密送至苏北解放区的见证。当时常熟沿江高浦口等地有与苏北上级党组织联系的秘密交通线，有的经江阴或上海与苏北保持联系。从事交通情报工作的同志冒着风险来往于大江南北，一些交通员为人民的解放事业英勇献身，章建中、王再兴、王美芝等就为传递情报而献出了宝贵生命。

党组织伪造国民身份证用的硬印、情报员委任状

硬印

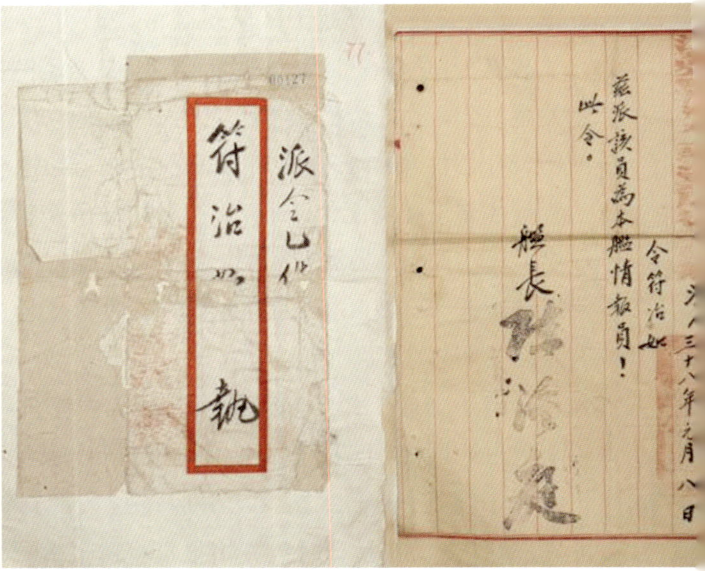

派令山作
符治如
執

兹派該員為本艦情報員！
此令。
令符治如
艦長
卅八年元月八日

情报员委任状

常熟博物馆藏。硬印直径3厘米，高1.5厘米，铅质；印面分为内外两圈，外圈文字为“江苏省太仓县政府”，内圈为象征国民党的党旗标志。委任状纵24厘米，横19.4厘米，纸质；委任状内容为江苏省沿海水上警察局复苏巡舰任命符冶如为本舰情报员，盖有“江苏省沿海水上警察局复苏巡舰关防”印，时间为1949年1月8日。

1945年日本投降后，为巩固自己的统治，防止共产党的活动，国民政府立法院向全国各地公布《户籍法（修正草案）》，对各地如何制发国民身份证以及身份证的式样等作了具体规定。1948年，国民党政府推行“国民身份证制”，以加强户籍管理，妄图巩固敌占区的统治。此举对我方没有户口的地下武装人员的活动十分不利。常熟地下党通过城市秘工打入国民党户政队伍，搞到了数百张国民身份证空白卡片和县政府钢印印模。同时还委托太仓地下党通过秘密渠道仿制了钢印。有了国民身份证，我方武装人员携带在身，转移或行动就方便了很多。

江苏省沿海水上警察局复苏巡舰任命符冶如为本舰情报员的委任状，盖有“江苏省沿海水上警察局复苏巡舰关防”印，时间为1949年1月8日。乍一看是国民党内部的委任状，其实是地下党伪造的。利用这份委任状，地下党就可以打入敌人内部，打探江防信息，为解放军渡江作战提供参考。

陈刚渡江前写给宋以天的信

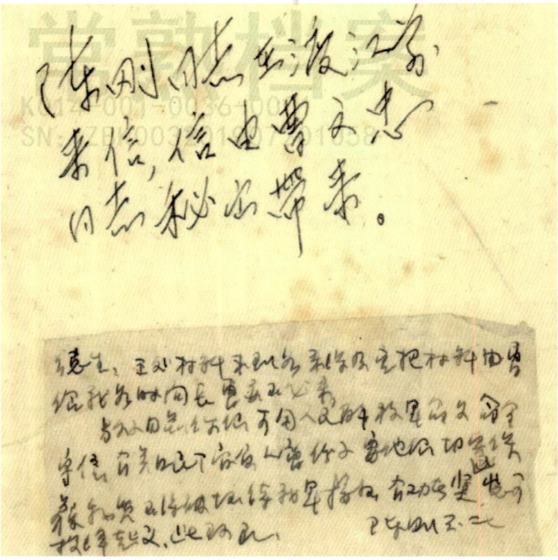
陈刚同志在渡江前
来信，信由曹文忠
同志秘密带来。

陈刚写给宋以天的信

常熟市档案馆藏。这封信共1页，纵4.1厘米，横8.4厘米。以钢笔字书写，书写人是陈刚，收信人是“德生”（即宋以天，我党地下工作者），行文从左至右，从上到下，字迹比较模糊。该信是1949年3月27日，解放军渡江前夕，陈刚写给在常熟城内的我党地下工作者宋以天的信，由交通员曹文忠秘密带送。信中要求，常熟地下工作者可以以人民解放军的名义，命令城中的国民党当局及其从属人员切实保护财产，不得破坏，等待解放军接收，也可投降起义。

宋以天（1925—2020），1925年出生在江苏宜兴，由于父亲早逝，8岁时随母亲从宜兴迁居常熟城区。1946年9月，22岁的宋以天考入《新常熟报》，任实习记者。为了在反“清剿”斗争中全面掌握敌情，苏常太工委自1946年初即开始在常熟城区建立秘工关系。先是陈刚联系上了曾在民抗等抗日组织里工作过、此时在国民党唐市区公所任职的归行肇，设法了解城区较上层敌人的动向。这一时期，宋以天与我党归行肇取得联系，开始走上革命道路。新四军北撤后，宋以天是常熟城区秘党的负责人。党组织要求他利用记者的身份，为武工队和苏北解放区提供常熟地区国民党党政军各方面的情报。为方便开展工作，党组织指示他打入敌青年党组织内部。1948年8月，陈刚赴苏北任职。1949年4月中旬，中共常熟县委在苏北如皋县白蒲镇成立，陈刚任县委副书记。这封信写于常熟县委成立前夕，陈刚通过此信向常熟城内的地下工作者发出工作指示，这是一份反映解放战争时期常熟秘工工作的重要革命文献。

常熟县委在如皋县白蒲镇开会的会议记录

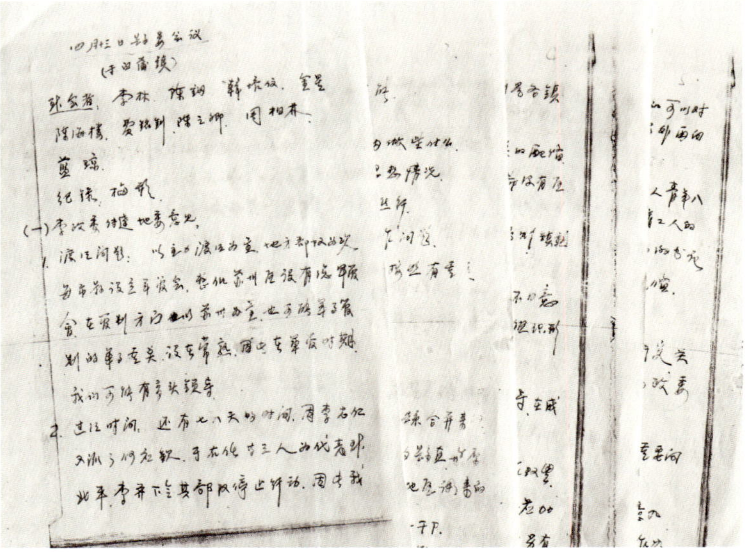

常熟县委在如皋县白蒲镇开会的会议记录

常熟市档案馆藏。共6页，单页纵24.8厘米，横15.8厘米。记录了会议举行的时间为1949年4月13日，地点为白蒲镇，出席人员：李林（即李凌）、陈钢（即陈刚）、韩培信、金星、陈海楼、费铭钊、陈之卿、周柏林、蓝琼。会议主要内容：一、县委书记李凌传达地委意见。二、研究常熟解放后县、区两级领导干部配备和渡江前后工作。

1949年3月间，解放军渡江南下在即，华中工委调集两淮、盐阜、胶东等地的地、县干部，在如皋县白蒲镇组成中共苏州地委。4月中旬，又相继组成了苏州地委下属的常熟县委和太仓县委等。常熟县委书记李凌，副书记陈刚、康克。同时还成立了常熟市军事管制委员会，任命了常熟县县长、副县长。常熟市军事管制委员会主任王治平，副主任孙加诺、李凌；常熟县县长钱伯荪，副县长韩培信。县委成立后，即着手调配区一级的党政干部，只待过江，即进入实地领导。这是一份记录中共常熟县委在常熟解放前夕进行工作部署的重要文献，具有较高的历史价值。

渡江胜利纪念章

渡江胜利纪念章

常熟博物馆藏。该章为红铜材质，直径3厘米，重量10克；章为水压机冲压制作而成，浮雕图案。章的正面是渡江战役的壮观画面，波涛滚滚的长江江面上排列着一艘艘扬帆的战船，战船在汹涌的惊涛中直向敌方，炮弹在四周激起巨大的浪花与水柱，空中弥漫着硝烟，英勇无畏的解放军战士手持带刺刀的步枪作冲锋状。该图案气势恢宏，构成惊心动魄的壮观场面，达到了其画断而意不断的艺术境界。章体下方刻有“渡江胜利纪念”字样。背面刻有“中国人民解放军华东军区颁发”“一九四九年四月二十一日”字样。

1949年4月20日，国民党反动政府拒绝在国内和平协议上签字。21日，毛泽东主席和朱德总司令发布《向全国进军的命令》，人民解放军发起渡江战役，先后解放了南京、杭州、上海、武汉等大城市和苏、浙、赣、皖、闽、鄂广大地区，为进军华南、西南创造了有利条件。

为了坚决、彻底、干净、全部地消灭敌残余力量，并防备美帝国主义可能的军事干涉，中共中央、中央军委决定：以第二、第三野战军全部24个军约100万人的兵力，在长江下游实施渡江作战，围歼敌主力于南京、镇江、芜湖间三角地区，前出浙赣线及赣北、闽北广大地区。其中以第二野战军3个兵团9个军为西集团，在马当至贵池间，以第三野战军4个兵团组成中、东2个集团，在贵池至芜湖和扬中至江阴间，实施渡江作战。另以第四野战军第12兵团2个军及中原军区部队，位于武汉正面牵制白崇禧集团，配合作战。渡江战役统一由刘伯承、邓小平、陈毅、粟裕、谭震林组成的总前委指挥。

人民解放军百万大军，为了中国人民的解放事业，向顽固的国民党军队发起了强渡长江的战役。此战役彻底摧毁了国民党所谓的天堑江防堡垒，共歼敌40多万，同时也驱逐了英、美、法等国在长江一带的势力。渡江战役的胜利，标志着国民党在长江以南的一支最大的、最有组织力量的军队的覆灭，也标志着国民党南京政府的垮台灭亡。

渡江作战开始后，已在苏北如皋县白蒲镇组建的常熟县委、县政府和各区班子成员等从江阴渡江南下，4月29日到达常熟，与先期进城的苏常昆太武工队会合并正式办公，开始接管常熟的各项工作，同时到达的有华东军区警备第八旅旅部和所属22团干部战士。渡江战役结束后，1949年，华东军区向参加渡江作战的二野、三野、四野第12兵团等野战军全体人员，支前人员，随军渡江的机关工作人员，在长江南岸接应渡江大军的敌后部队人员以及参加渡江作战的其他有功人员颁发了渡江胜利纪念章，共120万枚。

中国人民解放军总部《入城纪律手册》

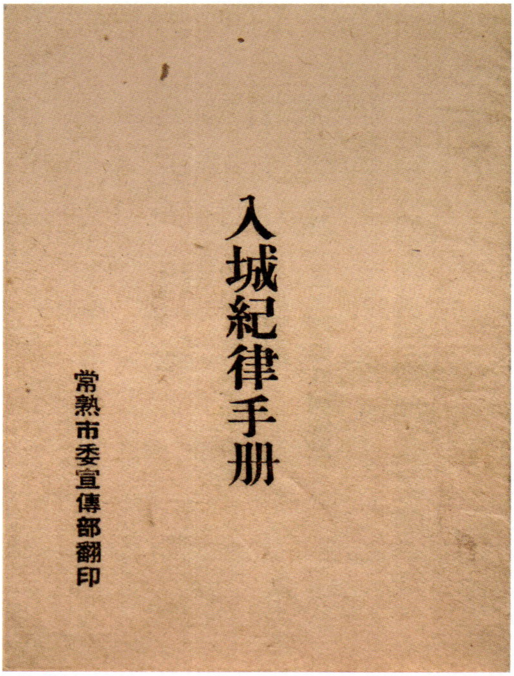

《入城纪律手册》

常熟博物馆藏。纸质，纵13厘米，横9.3厘米。《入城纪律手册》由常熟市委宣传部翻印，有《中国人民解放军布告》《入城守则》《三大纪律八项守则》三部分内容，以此作为解放军入城后的行动准则。1985年7月王市王福根捐赠。王福根，1924年生，海虞镇王市南塘村人，1945年2月参加武工队，同年11月北撤去苏北，被编入新四军正规部队，参加了开封、济南、淮海、渡江等战斗和战役。1949年复员回乡。

渡江战役前夕，为了顺利解放南京、上海等各大城市并做好接管准备工作，人民解放军部队极其注重城市政策和纪律的宣传教育。总前委、华东局、华东军区先后制定和颁发《入城守则》等具体规定，要求全体渡江部队官兵认真学习、严格执行，告诫其入城后要时刻保持艰苦朴素的工作作风，谦虚谨慎，戒骄戒躁，严格遵守各项政策和纪律。

这份第三野战军于1949年3月颁布的《入城纪律手册》，是由陈毅亲自主持制定的。1949年初，第三野战军南下到达徐州贾汪时，司令员陈毅就找到时任司令部城市政策组组长的曹漫之谈话，交代他一项重要任务，即起草第三野战军“入城三大公约十项守则”。陈毅说：“我们即将进入南京、上海、杭州等大城市，那里的老百姓受国民党反动宣传的影响，对人民军队不了解，我们进城后一定要严守纪律，给他们一个好的‘见面礼’。”文件草案上报中共中央后，很快就收到了毛主席的电报批示——“很好，很好，很好，很好”八个大字。为了确保入城公约和守则深入人心，野战军领导机关之后又编成顺口溜：“解放大军下江南，要进上海和南京。大小城市几百座，都要解放归人民。接管建设新城市，政策纪律最要紧。入城守则共八条，一条一条记在心……”这便是《入城纪律手册》。《入城纪律手册》朗朗上口，便于记诵，在渡江战士中间广为流传，从中既可以看到人民解放军纪律之严格、具体，也可以看到当时政治工作形式的生动、活泼。经过学习和教育，解放军进驻各城市后纪律严明、秋毫无犯，赢得了社会各界的信任，为接管城市、管理城市、经营城市、发展生产打下了很好的基础。在解放上海期间，从常熟走出去的解放军20军战士睡马路的照片传播至大江南北、国内外，成为解放军胜利之师、仁义之师的象征。

★ 常熟红色文物

常熟解放前夕地下党员在城内散发的传单

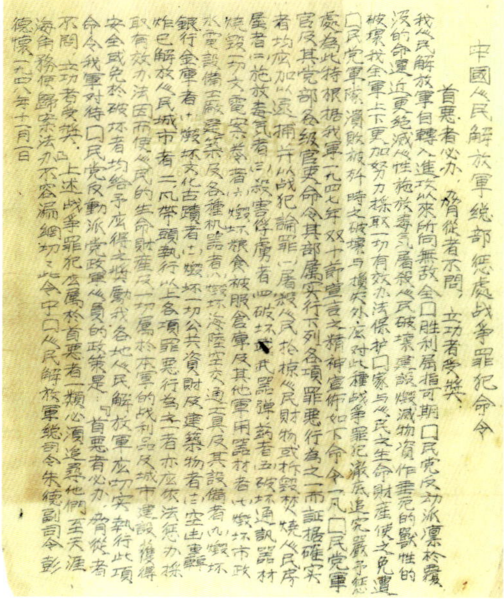

中國人民解放軍総部懲處战争罪犯命令

首惡者必办，脅從者不問，立功者受奬。

我人民解放軍自轉入進攻以來所向無敌，全口胜利為指可期，口民党反动派濒於覆没的命運，近更絶滅人性，施放毒氣，屠殺人民，破壞建設，燬滅物資，作垂死的獸性的破壞，我全軍上下更加努力，採取一切有效办法，保护口家与人民之生命財產，使之免遭口民党軍隊潰敗前夕時之破壞与損失，並对此種战争罪犯澈底追究，嚴予懲處，為此特根據我軍一九四七年双十節宣言之精神，宣佈如下命令：一凡口民党軍官反其党部各級官吏，命令其部屬實行下列各項罪悪行為之一，而証據確實者均應加以逮捕，并以战犯論罪；一屠殺人民，搶掠人民財物，或折毀焚燒人民房屋者；二施放毒氣者；三殺害俘虜者；四破坏武器弹药者；五破坏通訊器材燒毁一切文電案卷檔案者；六燬坏粮食被服倉庫，及其他軍用器材者；七燬坏市政公用設備，工廠，以及各種机器者；八燬坏海陸空交通工具及其設備者；九燬坏銀行金庫者；十燬坏文化古蹟者；十一燬坏一切公共資財及建築物者；十二空中轟炸已解放人民城市者；二凡帶頭執行以上各項罪惡行為之一者，亦應依法懲办，採取有效办法因而使人民的生命財產及一切屬於本軍的战利品及城市建設獲得安全或免於破坏者，均給予應得之奬勵。我各地人民解放軍應切实執行此項命令，我軍对待口民党反動派党政軍人員的政策是：『首惡者必办，脅從者不問，立功者受奬』，上述战爭罪犯，凡屬於首惡者一類，必須追究，他們至天涯海角，務使歸案法办，不容漏網，切切此令。中口人民解放軍総司令朱德，副司令彭德懷 一九四八年十一月一日

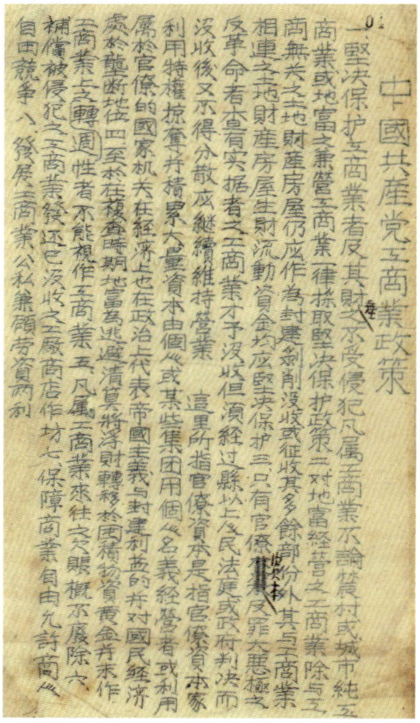

中國共產党工商業政策

一、堅決保护工商業者及其財産不受侵犯，凡屬工商業，不論在農村或城市，純工商業或地主富農兼營工商業，一律採取堅決保护政策。二、对地主富農經營之工商業，除与工商無关之土地財產房屋仍應作為封建剝削沒收或征收其多餘部份外，其与工商業相連之土地財產房屋生財，流動資金，均應與实保护。三、只有官僚資本家，罪大悪極之反革命者，查有实据者之工商業才予沒收，但須経过縣以上人民法庭或政府判決，而沒收後又不得分散，应继續維持營業。這里所指官僚資本是指官僚資本家利用特權，掠奪并積累大量資本，由個人或某些集团用個人名義經營者，或利用屬於官僚的國家机关，在經濟上也在政治上代表帝國主義与封建利益的，并对國民經濟處於壟断地位。四、至於在複雜時期地富為逃避清算，將財轉移於城市，搞物資，黃金，并未作工商業，交轉週性者，不能視作工商業。五、凡屬工商業，來往，交易，概不废除。六、補償被侵犯之工商業，發还已沒收之工廠商店作坊。七、保障商業自由，允許商人自由競争。八、發展工商業，公私兼顧，勞資兩利

常熟解放前夕地下党员在城内散发的传单

常熟市档案馆藏。传单有2张，一张纵16.1厘米，横16.1厘米；另外一张纵16.1厘米，横8.2厘米，油印。一张为《中国人民解放军总部惩处战争罪犯命令》，另一张为《中国共产党工商业政策》。

1949年4月21日，解放军占领江阴要塞的当天，驻守苏州、昆山、太仓、常熟一带的国民党部队即部署撤逃，军部和直属队当晚移至苏州。三〇八师师部移到常熟城内。由于人民解放军以摧枯拉朽之势迅速推进，23日下午，国民党驻军全部撤离常熟县城，留下的一部分保安部队亦于25日下午3时左右全部逃跑。武装警察大多是本地人，也都纷纷逃散。为了阻止人民解放军前进，国民党部队在撤逃时曾企图破坏常熟通往苏州、无锡、太仓等地的公路上的桥梁、电线杆等。因行动仓促，仅炸坏几座桥梁，烧焦了几座木桥桥面。国民党军政人员逃离常熟城后，城内进入了人们常说的“真空时期”，工人、学生、店员和工商界人士组织护厂队、护校队等，维持社会秩序，防止坏人破坏。各区武工队和地下党员立即行动，散发传单，张贴标语，维持治安，收容国民党溃军残兵，收缴“自卫队”武器。这两份传单就是这一时期地下工作者在常熟城内散发的，有力地策应了常熟的解放工作。这两份传单，是见证常熟解放的重要文献，具有较高的历史价值。

刊登常熟解放消息的《群众》报

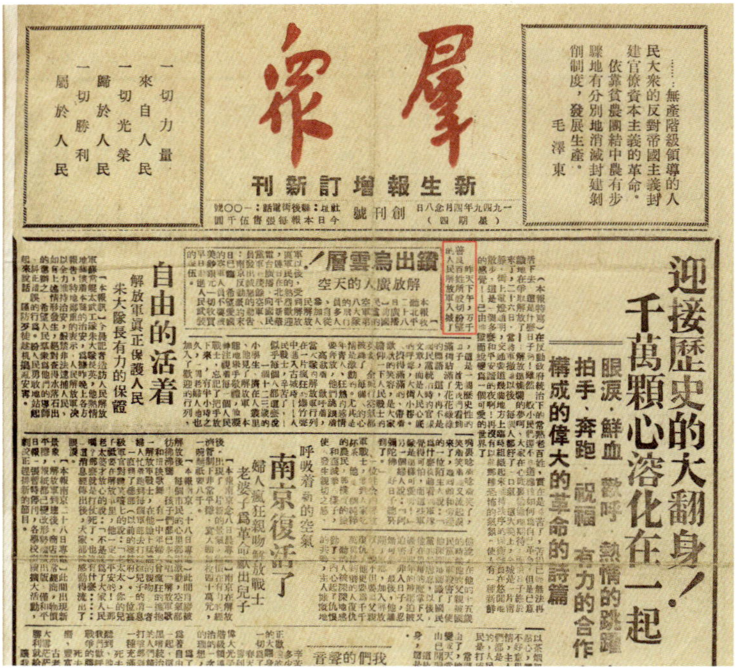

群衆

新生報增訂新刊

一切力量 來自人民 一切光榮 歸於人民 一切勝利 屬於人民

……無產階級領導的人民大衆的反對帝國主義封建官僚資本主義的革命。依靠貧農團結中農有步驟地有分別地消滅封建剝削制度，發展生產。 毛澤東

一九四九年四月廿八日（星期四） 創刊號

迎接歷史的大翻身！

千萬顆心溶化在一起

——眼淚·鮮血 歡呼·熱情的跳躍 拍手·奔跑·祝福 有力的合作 構成的偉大的革命的詩篇

鐵鳥出雲層！ 解放廣大人的天空

自由的活着

解放軍真正保護人民 朱大隊長有力的保證

南京復活了

婦人瘋狂親吻解放戰士 老婆子爲革命獻出兒子

呼吸着新的空氣

我們的聲音

1949月4月28日的《群众》报

常熟市档案馆藏。这是一份名为《群众》的8开小报，纵60厘米，横40厘米。刊名下面以黑体字标明“新生报增订新刊”，在这行黑体字下面印有“创刊号”三字。报头居中为“群众”二字，集鲁迅墨迹，套红印刷，报名右侧刊印毛泽东语录：“……无产阶级领导的人民大众的反对帝国主义封建官僚资本主义的革命。依靠贫农，团结中农，有步骤地有分别地消灭封建剥削制度，发展生产。”报名左侧刊印

“一切力量来自人民，一切光荣归于人民，一切胜利属于人民”。

第一版刊发新闻10篇，其中本地新闻、外埠新闻各5篇。其头条为“本报特写”——《迎接历史的大翻身！千万颗心溶化在一起》，副标题用黑体字刊印“眼泪、鲜血、欢呼、热情的跳跃，拍手、奔跑、祝福、有力的合作，构成的伟大的革命的诗篇”。文章报道了常熟人民喜庆解放的热烈场景，其中写道：“昨天下午，万千善良百姓日夜切盼望的人民解放军入城了，这是一个历史性的日子……常熟解放了，自由了，地狱的古城已变成天堂，冬眠的虞山已开遍了春花。”旁边一篇报道是《自由的活着》，副标题是“解放军真正保护人民，朱大队长有力的保证”。文章写道：“今晨记者造访人民解放军苏常昆太武工队朱大队长英，他热情地关怀着本县的治安，并据昨晚上各方报告，特地郑重的表示，人民解放军决以全力维护治安……”由于报纸是4月28日下午出版的，所以据此判断，苏常昆太武工队的入城日期为4月27日，也就是古城常熟解放的日子。这份报纸是1985年当时在苏州师范专科学校中文系任教的时萌先生捐赠给常熟市档案馆的。

1949年4月21日凌晨，解放大军突破长江天险，占领江阴要塞，江阴随之解放。苏常昆太武工队队长朱英等人通过收音机收听到了这条激动人心的喜讯，立即召开紧急会议，会后立即布置塘南、塘北、东横、任石等地的武工队收缴敌人在农村的武器，为渡江大军解放常熟做准备。在确认308师已全部撤离常熟后，在城的秘工建议武工队快快入城安民。经集体讨论，武工队决定立即入城，由党员李琴赶制了一面入城用的党旗。4月27日早上，梅北、梅南各地的武工队队员、秘密党员到梅李镇集中。下午，朱英率部分武工队队员和一批投诚起义的部队前往常熟城，在大东门外总管庙场上受到了群众和各界人士的欢迎。当武工队队员进入常熟城时，街道两旁挤满了欢迎的人群。苏常昆太武工队入城后，进驻中国银行，将红旗插上3楼，从此千年古城迎来新生，宣告常熟人民获得解放！

《群众》报诞生于1949年常熟解放之际。当时国民党常熟县党部的机关报《新生报》行将停刊，其原编辑杜高、黄绳之为迎接常熟解放，特于是年4月27日连夜编印，《群众》报于次日出版。报头注有“新生报增订新刊”字样，版面用红色套印，内容为常熟解放、成立人民政府、接管报社及贺辞、政论等，该报数日后停刊。这张报纸证明了常熟解放的确切日期，具有很高的历史价值，是一份重要的革命文物。

常熟军事管制委员会出版的《常熟电讯》报

中華民國三十八年
五月十三日
星期五
常熟軍事管制委員會出版

常熟電訊

第一號
另售人民幣五圓

中國人民解放軍佈告

我軍解放南京

國民黨反動統治宣告滅亡

勝利進軍江南

中國人民解放軍華東軍區常熟市軍事管制委員會佈告 第壹號

中國人民解放軍華東軍區常熟市警備司令部佈告 第壹號

常熟縣人民政府佈告 第壹號

1949年5月13日《常熟电讯》报

常熟博物馆藏。纵54.5厘米，横37.5厘米。纸质，该份《常熟电讯》为第一号，报头右侧：中华民国三十八年，五月十三日，星期五，常熟军事管制委员会出版。左侧：另售人民币五元。第一版刊登了《中国人民解放军华东军区常熟市军事管制委员会布告》(第一号)、《中国人民解放军华东军区常熟市警备司令部布告》(第一号)、《常熟县人民政府布告》(第一号),公布了各项任命情况。同时刊登《中国人民解放军布告》《我军解放南京》《胜利进军江南》等文章。《常熟电讯》常熟市档案馆也有收藏。

军事管制委员会是特殊时期的一种军事性的、临时性的政权机关。常熟解放前夕,根据中共中央华东局(简称“华东局”)《关于接管江南城市工作的指示》,对于新收复的人口在5万以上的城市或工业区,均应实行一个时期的军事管制制度。4月30日,中国人民解放军常熟市军事管制委员会(简称“市军管会”)成立。市军管会主任由华东军区警备第八旅副旅长王治平兼任。5月3日,市军管会发布命令:划常熟县城区为市,成立常熟市人民政府(简称“市政府”)。县委书记李凌兼任市委书记,县长钱伯荪兼任市长。县委工作部门设秘书室、组织部、宣传部、民运部和职工工作队、青年工作队。县政府工作机构设秘书室、民政科、财政科、司法科、公安局、邮政局、电信局、建设局、税务局、粮食局、教育局和人民银行常熟办事处。市委、市政府不设办事机构,日常工作由市军管会和县委、县政府相关部门负责。军管委同时负责常熟全境的剿匪肃特工作。《常熟电讯》是1949年5月13日由常熟军管会创办的一份报刊,出版近两个月后停刊,是新中国成立前常熟创办的最后一份报纸。

先輩遺物

王一沙学费收据

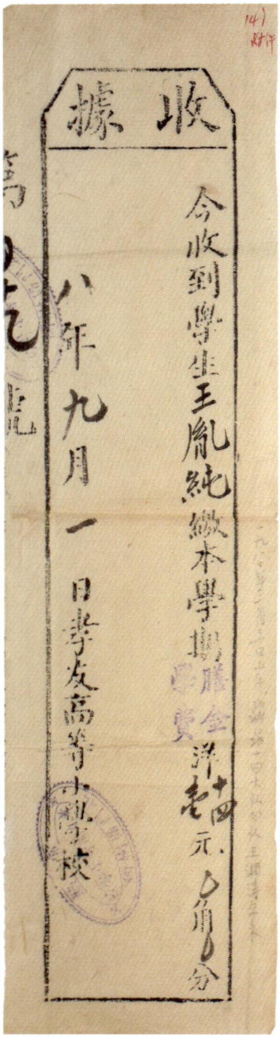

王一沙学费收据

常熟博物馆藏。文物为纸质，纵23.6厘米，横7厘米。收据上的文字内容如下：

今收到学生王胤纯缴本学期膳金、学费洋壹十四元/角/分。

八年九月一日　孝友高等小学校

盖“常熟孝友高等小学校北门椐树街”印章。右侧铅笔书写“一九八〇年三月三日上午，淼泉十四大队四队王湘涛交来”，为这件革命文物的来源。

王一沙（1905—1931），原名金咲，学名王胤纯，1905年出生于常熟淼泉长浜村，就读于常熟孝友高等小学校，这件遗物是他1919年9月在该校就读时的学费收据。1921年，王一沙从常熟孝友高等小学校毕业后，考入苏州的省立第一师范学校，为本科第12届甲班生。在苏州第一师范（简称"一师"）读书时，他加入了共产主义青年团，是苏州学生运动领袖之一。苏州成立学生联合会，他任副会长。1925年，苏州成立第一个党支部，他转为中共党员，是苏州党支部早期党员之一。王一沙为一师学生会干事，无论是编辑《晓光》周刊，还是负责恽代英、萧楚女等人到一师讲演的组织接待工作，他都能认真负责地完成。

1925年，"五卅"惨案发生，帝国主义在中华大地上肆意屠杀中国人，在全国引起了极大震动。惨案的消息于事发当日下午传到苏州，王一沙当即与学生会干事一起，研究如何发动全校学生投入这场反帝运动。

王一沙在五卅运动中既带领同学沿街宣传劝募，又负责本校学生会的活动，同时还要参与苏州市学生联合会的领导工作，这些都充分显露出他的组织活动能力。他以不知疲倦的斗争精神和满腔的革命热情感染着周围的同学，成为公认的学生领袖。1924年至1925年间，恽代英、萧楚女、侯绍裘等革命家常应一师学生会的邀请到校讲演，传播马列主义，由王一沙、匡亚明等负责接待。

在校学生会的组织下，参加进步活动的学生和活动次数渐次增多，这引起了校方的不满和政府当局的责难。为了抑制学生进步的政治活动，校方于1925年夏将王一沙除名。王一沙回到常熟后，在淼泉小学执教为业。虽然离开了朝夕相处的一师，但他对真理的追求并未减弱。

1926年6月，王一沙到上海报考黄埔军校，不久即被录取。抵达广州后，王一沙属第六期的入伍生，编在二团二营七连。1927年，国民党在广州发动了“四一五”反革命大屠杀，一批共产党人和革命人士或英勇牺牲，或横遭囚禁，王一沙被拘押，罪名为他是共产党。1929年，王一沙出狱后，按照在狱中就制订好的计划，绕道香港至广东东江地区，投身于土地革命战争，后任中共东江特委代理秘书。1931年秋，正当王一沙在这革命的大潮流中力图大显身手之时，不幸因所谓的“AB团”案件在潮汕的大南山被错杀，血洒南国。1962年，王一沙被追认为烈士。

陈震寰的讲义、茶壶、茶杯等

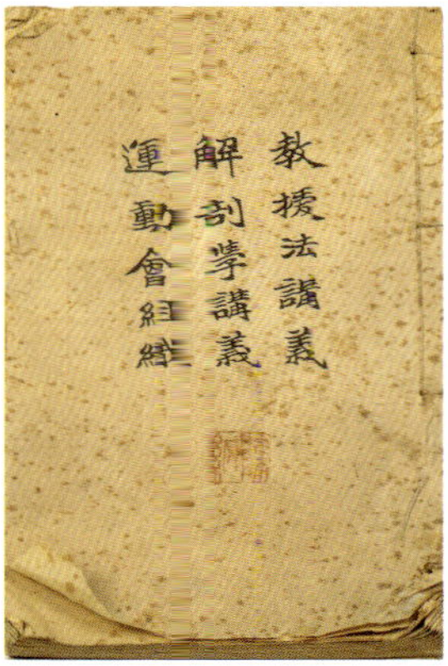

陈震寰烈士的讲义

陈震寰烈士的茶壶、茶杯、烟灰缸

沙家浜革命历史纪念馆藏。讲义为纸质，线装，白底黑字，纵23厘米，横13.5厘米，上面印有“教授法讲义 解剖学讲义 运动会组织”三列大字，字下面有“陈震寰”的落款印。茶壶：陶瓷，高20厘米，宽18厘米，壶身印有两个童子，刻有“瓶上五福”字样，茶壶的背后印有两只蝴蝶；茶杯：陶瓷，高15厘米，宽11厘米，茶杯上有一幅花鸟图，杯盖印有竹子。2006年由常熟博物馆调拨到沙家浜革命历史纪念馆。

陈震寰（1895—1941），原名陈景福，常熟县东张镇人，常熟早期共产党员。少年时就读于何市镇（今属支塘镇）桂村高等小学，学习勤奋，成绩优异。1919年秋考入上海东亚体育专科学校。毕业后在上海澄衷中学担任体育教员。1921年秋转赴安徽宣城省立第四师范（简称“四师”）任体育教员。陈震寰的讲义是其在做教员时留下来的备课材料。民国是中国书籍装帧形式从线装到简装的过渡时期，民国初期，大量的文献装帧形式与古籍类似，陈震寰的讲义为线装的。这份讲义的时间跨度在1919年至1926年，从上海到安徽宣城、四川重庆，再到江苏镇江，陈震寰作为一名教书育人的先生，一直没有离开过这份特殊的工作资料。

在宣城四师，陈震寰结识了中共早期领导人恽代英和萧楚女。他们在学生中宣传革命思想，开展革命活动。1922年秋，陈震寰到四川重庆，担任四川省立第二女子师范事务主任，兼任重庆县立联合中学卫生部主任及体育教员。由萧楚女介绍，陈震寰加入了中国共产党。由于受到四川反动势力的迫害，陈震寰与同事杨效春于1924年春离开四川，回到江苏。杨效春应聘镇江省立第六中学训育主任，陈震寰任体育主任。1924年底，陈震寰联络上热心社会事业的穆源小学教师杨公崖和新镇江周报社的陈斯白等人，发展他们加入了中国国民党，并于次年5月组建了国民党镇江第一区分部。之后，国民党组织在镇江有了很快的发展。陈震寰还在青年中做宣传发动工作，成立了小图书室，买来《向导》《中国青年》等杂志，让青年阅读，从而把进步青年组织起来，于1925年6月初成立了青年励志会，为在镇江发展共青团组织做准备。在陈震寰的联络下，以镇江省立第九师范学生为骨干，成立镇江共青团特别支部，这是镇江第一个共青团组织。

1926年6月，陈震寰到达广州，进入由毛泽东任所长、萧楚女任教务主任的第六届农民运动讲习所学习，毕业后赴杭州担任国民革命军第十四军政治部组织科科长。四一二反革命政变以后，白色恐怖越来越严重，陈震寰与党组织失去了联系。

抗日战争全面爆发后，陈震寰在东张、徐市一带拉起一支以“抗日保家乡”为口号的地方武装。1938年4月，国民党将陈震寰部收编，改编为第六梯团，陈震寰任团长。6、7月间，陈震寰在上海遇见失去联系的同乡共产党员周文在，即邀请周文在去该部担任政治主任。10月底11月初，第六梯团在先生桥一带遭日伪军袭击而溃散，陈震寰避往上海。周文在当即收拢散失人员，将自卫队成员作为骨干充实进去，再吸收一批青年学生组成集训中队。县委派杨浩庐和周文在同去上海动员陈震寰返回常熟，共同重建部队，称为“新六梯团”，成为由常熟县委直接领导的又一支人民抗日武装。

1939年5月14日，江抗副总指挥吴焜率江抗二路一部越过苏常公路，到达阳澄湖地区，与常熟民抗、新六梯团会师。后新六梯团改编为江抗独立第三支队。7月底，正式改编为江抗二路第三支队，陈震寰任二路副司令。10月初，江抗西撤，二路第三支队编入江抗第一团三营，向苏北进军。陈震寰没有跟随部队，而是留在常熟继续从事抗日工作。1939年底，常熟一带的抗日形势一度转入低潮。伪军头目徐凤藻想拉陈震寰入伙，陈震寰斥责道：“有鬼无人，有人无鬼。”1941年7月开始，日伪对苏常太地区实行大规模“清乡”，由于敌我兵力悬殊，苏常太抗日游击根据地遭受严重损失。9月，陈震寰被日军杀害于徐市北巷门附近。

张贤写给妻子庞露的信

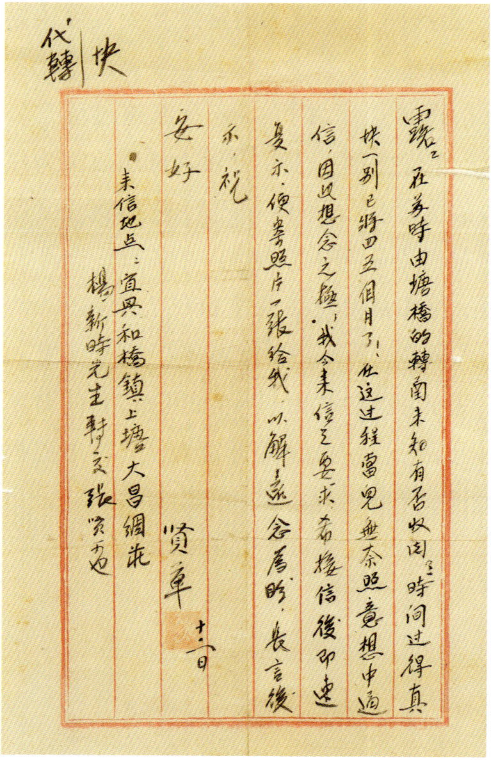
代轉 快

露露：在蘇時由塘橋的轉函未知有否收閱？時間過得真快，一別已將四五個月了！在這過程當兒無奈照意想中通信，因此想念之極！我今來信之要求，希接信後即速复示，便寄照片一張給我，以解遠念為盼。長言後示。祝

安好

賢草 十二日

來信地點：宜興和橋鎮上塘大昌綢莊

楊新時先生轉交張賢可也

张贤写给妻子庞露的信

沙家浜革命历史纪念馆藏。纸质，纵30厘米，横20厘米，信纸为淡黄颜色，文字从右至左竖写，有红色分格竖线，且盖有张贤的落款印。2019年由张贤、庞露的儿子张克宁捐赠给沙家浜革命历史纪念馆。

信的内容如下：

露露：在苏时由塘桥的转函未知有否收阅？时间过得真快，一别已将四五个月了！在这过程当儿无奈照意想中通信，因此想念之极！我今来信之要求，希接信后即速复示，便寄照片一张给我，以解远念为盼。长言后示。

祝安好。

贤草 十二日

来信地点：宜兴和桥镇上塘大昌绸庄

杨新时先生转交张贤可也

庞露，原名庞月娥，1921年出生于江苏常熟县塘桥镇（今属张家港市）的一个贫民家庭，很早就因贫被送给人家当童养媳。1935年，在婆家吃尽苦头的庞露成功逃脱牢笼，只身来到上海，找到在奉贤县开诊所的表姐，开始在表姐的诊所里学习护理知识。

1937年1月，在表姐的帮助下，庞露到上海私立大德高级助产职业学校实习。1937年8月，进入上海难民收容所，在那里认识了同为常熟人的地下党员李建模。在李建模的影响下，庞露逐步走上革命道路。1938年，庞露先后到上海市难民第四医院、浦东时疫医院工作，以护士身份作掩护，配合李建模做通讯员。在时疫医院，她遇到了志同道合的人生伴侣张贤。

张贤，原名张兆浦，1915年出生，上海人，1934年进入上海同仁医院附设高级护士学校学医。1937年上海沦陷，张贤投身抗日。1938年春，由李建模介绍，张贤来到上海浦东时疫医院，以医生的身份从事抗日活动，与护士庞露相识后，二人结为夫妇，成为革命伴侣。

1939年初，经李建模动员，张贤、庞露夫妇到常熟从事抗日卫生工作。李建模给了张贤一些资金购买药品用于办医院，夫妇二人又主动拿出自己的首饰和积蓄，全部用来购买药品，再加上同仁医院支援的一些医用器材，一共装了三大包。他俩到达常熟人民抗日自卫队所在地苏家尖莲荡浜，受到民抗大队长任天石、参谋长赵伯华、政治部主任杨浩庐的热烈欢迎。他们鼓励他俩克服困难，为抗日战争作贡献。从此，民抗有了后方医院，张贤为后方医院第一任院长兼医生。

1939年，江抗东进后，江抗卫生队即新四军第六团的卫生队与民抗医院合并，成立江抗后方医院，张贤改任医务主任。1939年9月，在张贤的努力下，他在上海的同学盛立、赵熙、张力等医生来到后方医院，不久，又来了数十人。由于不少同志缺乏医药知识和缺少操作实践经验，张贤夫妇组织一些医生自编教材，举办短期医训班并亲自授课。在艰苦的环境里，经过培训，做到每个连队有一名卫生员。

在缺少药品、医疗器材和敌人环伺的不利环境中，后方医院的医护人员坚持照顾好江抗伤病员。一位伤员流血过多，危在旦夕，庞露毅然将自己的鲜血输给他，挽救了战士的生命。张贤夫妇经常拿出自己微薄的津贴买来红糖，化成糖水，给伤员补充营养。在给伤病员医治的同时，他们还尽可能地为穷苦农民治病。莲荡浜的孙根乔腹腔生瘤，长期发高烧，庞露得知后，与丈夫张贤前往为其做手术，还给他买营养品，多次前往换药、护理，不久这位村民痊愈。

1941年皖南事变后，张贤任新四军六师十六旅卫生部部长，庞露留在东路地区的江抗后方医院任护士长。张贤所在的十六旅驻在宜兴和桥镇，正是在两人分别的那些日子里，张贤给庞露写了这一封信。1946年7月，张贤调任淮北七分区卫生部部长，7月19日，张贤牺牲在洪泽湖地区。当时，他的大儿子张克宁才2岁多，小儿子张克辛刚出生，年仅25岁的庞露悲痛万分，她继续投身解放战争的洪流，奔赴各个战场，从事卫生工作。

新中国成立后，怀着对丈夫的深深思念，庞露曾多次通过当地政府打听丈夫牺牲后遗体的下落，遗憾没能找到。她一直保留着张贤写给她的信，终身未再嫁，独自把两个儿子培养成才。因她在抗日战争和解放战争中的贡献，庞露先后获中华人民共和国三级独立自由勋章、三级解放勋章。2009年12月30日，与张贤分离了63年之久的庞露辞世。

宋瘦竹的帽子

宋瘦竹的帽子

沙家浜革命历史纪念馆藏。织绣，款式为民国时期流行的瓜皮帽。周长58厘米，高12厘米，有破损。帽子里层由粉色绒线织成，外层是黑色呢子质地，比较厚实。瓜皮帽相传源自明太祖所创的六合帽，取“六和一统、天下归一”之意。分成六瓣，形状如半个西瓜皮。无檐、窄檐或包有装饰窄边，多为黑色的绸、呢绒或纱制作而成。在清朝广为流行，当时的老百姓和商人都喜欢头戴瓜皮帽，出身于小商贩家庭的宋瘦竹也同样喜欢头戴一顶瓜皮帽。2006年由常熟博物馆调拨到沙家浜革命历史纪念馆。

宋瘦竹，1905年出生于常熟王庄镇上一个小商人家庭，由于父亲早逝，家中生活贫寒，为了改变命运，母亲省下钱来供长子宋瘦竹读书。宋瘦竹读书很用功，但由于经济所迫，曾先后到江阴县祝塘、长泾等地的布庄学做生意。在此期间，他经常为无锡的《锡报》副刊撰稿，抨击社会黑暗，追求进步思想。

1926年，在国民革命浪潮的影响下，宋瘦竹积极拥护革命的新思想，加入了中国国民党。1927年3月，北伐军进抵常熟，宋瘦竹向民众宣传三民主义，号召农民组织起来打倒土豪劣绅，实行减租减息。在宋瘦竹等骨干分子的努力下，王庄农民协会诞生，宋瘦竹当选为主任委员。在这一时期，宋瘦竹加入了中国共产党。8月底，无锡农协领导人杭果人同宋瘦竹取得联系，建立王庄党支部，宋瘦竹任负责人。由于当时常熟县委尚未建立，王庄支部在无锡党组织领导下开展工作。

1927年10月，中共江苏省委根据八七会议精神，决定在无锡等地发动农民暴动。省委农委书记王若飞到无锡安镇附近部署暴动各项准备工作，计划由农民革命军兵分数路，先夺取就近村镇，再攻夺无锡城，宋瘦竹被任命为攻打安镇一路的革命军的突击队队长。11月9日晚，农民革命军兵分数路，联合行动，如怒潮般攻向安镇、泽上两地。宋瘦竹身先士卒，率领突击队队员冲过安镇镇上的石桥，在接近商团团部时，他猛喝一声："我们是农民革命军，我们要打的是土豪劣绅，你们赶快放下武器！"商团团长见状不得不缴械投降。突击队迅速占领安镇，农民革命军的第一面红旗高高飘扬在安镇上空，农民革命军的总司令部就设在安镇东街的三善堂内。"一切政权归苏维埃!""实行耕者有其田!"等标语和无锡农民委员会、无锡农民革命军的布告贴满了安镇及周围的村庄。当地土豪乡绅闻风丧胆，罪大恶极的恶霸地主被当场镇压，地主阶级深受威慑。

这次暴动，数安镇一路影响最大。南京国民党政府极为震怒，立即下令派兵镇压。由于敌我力量悬殊，农民革命军不得不退往无锡、常熟、江阴三县交界的顾山等地，宋瘦竹也回到王庄。国民党反动军警为扑灭革命火种，曾几次到王庄搜剿农民革命军，宋瘦竹离开家乡，投身新的革命斗争。

无锡县反动政府下令悬赏通缉宋瘦竹这位“共产党首领”，但宋瘦竹无所畏惧，依旧往返于上海、无锡等地筹款为党组织购买武器，扩大农民武装，为下一次斗争做准备。1928年初，宋瘦竹于上海结婚。3月，偕妻子至无锡居住，其住处就作为党的联络站。不久，联络站被敌人破获，宋瘦竹夫妇幸免于难，回到王庄家里。他继续同党支部的同志多方筹划，采取打土豪的办法筹集经费，用于购置武器。

1923年8月29日，宋瘦竹在羊尖镇策动商团哗变，以夺取武器，开展武装斗争，但因叛徒告密而被捕。宋瘦竹被捕后，敌人连续3天对他威逼利诱，严刑拷打，均告失败。1928年9月1日，敌人将宋瘦竹押赴刑场，在赴刑场途中，宋瘦竹高呼“共产党万岁”“打倒土豪劣绅”等口号，呼吁农民兄弟联合起来、坚持斗争，最后被杀害于无锡南校场。

石楚材的手枪

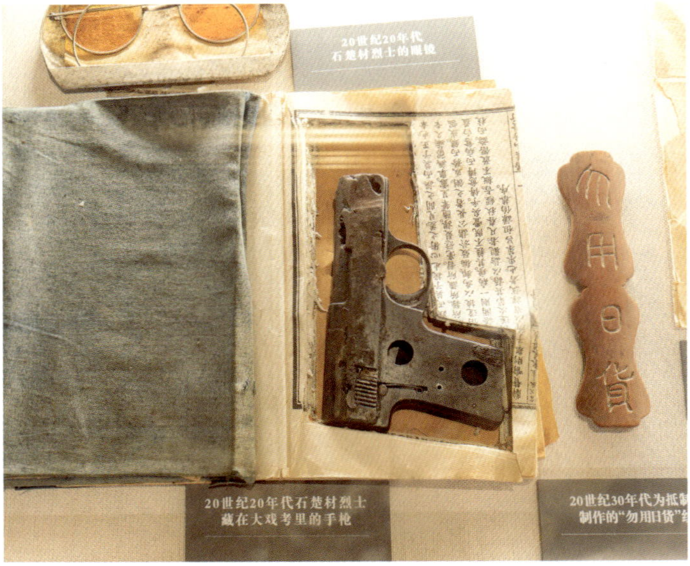

石楚材的手枪

沙家浜革命历史纪念馆藏。为勃朗宁手枪，金属器，长10厘米，宽7厘米。为20世纪20年代革命烈士石楚材曾用过的手枪，原为其父亲石东虞所有。2006年由常熟博物馆调拨到沙家浜革命历史纪念馆。

石楚材，原名嘉梁，1907年出生于横泾一个地主家庭，家庭条件优越。1923年考入嘉兴秀州中学，之后考入苏州萃英中学。在唐市小学教师汪南窗的介绍下，石楚材加入国民党，后来在老家的关帝庙组建了国民党横泾区分部。他发动农民组织农民协会，开展抗租斗争，毅然走上革命道路。他的夫人也跟随他一起投身革命，石楚材当众焚烧了自己名下的田契和债证，喊出“耕者有其田”的口号，成为“地主阶级的叛逆者”。在共青团常熟特别支部负责人钱宗灏的影响下，石楚材加入了中国共产主义青年团。

四一二反革命政变后，常熟的党团组织处于停顿状态，石楚材在农村各地坚持斗争，又根据上级要求制订了暴动计划。在石楚材的领导下，横泾农民暴动委员会成立。但由于国民党当局戒备甚严，暴动计划流产了。事情暴露后，石楚材被父亲囚禁在家里，但关住了人，却关不住石楚材向往革命的心。他在妻子的帮助下，偷了父亲的一支盒子枪和一支勃朗宁手枪，悄悄离家出走，化名沈怀思，去江阴和沙洲参加农民武装斗争。江阴县委军事委员茅学勤安排石楚材化装成村童，进行通信联络、侦察敌情等工作。石楚材经常怀揣这支勃朗宁手枪，奔波在乡间农村。

1928年3月30日，石楚材参加了茅学勤等人领导的后塍暴动，这次暴动后，国民党当局调集大量武装镇压。4月，石楚材奉命返回常熟，他逐个寻找失去组织联系的党团员，组成临时委员会。其间，按上级规定，石楚材由团员转为党员。5月12日，中共常熟县委成立，石楚材当选县委委员，他不畏白色恐怖再次回到常熟农村，在横泾、梅李、浒浦等地建立了活动点。

石楚材不管到哪，总带着这支勃朗宁手枪。一天，石楚材与夫人沈锦余一起在横泾关帝庙召开农协干部会议，突然遭到敌人包围，石楚材指挥与会同志转移，自己与妻子打扮成阔少爷、少奶奶，抱着一本《大戏考》，夫妻俩挽着手漫步出街，敌人竟无人敢上前盘查。夫妻俩一出街就登上长工沈福生的一条小木船，取出藏在《大戏考》里的勃朗宁手枪，船向唐市儒家浜方向驶去。

1929年10月19日，石楚材在常熟先生桥（今梅李镇师桥村）一茶馆内住宿，被国民党警察包围，敌人乘其不备，向他的脸掷石灰包，随即向他射以乱枪。石楚材身中4弹，被捕入狱。石楚材苏醒过来，即以微弱声音呼叫“杀尽黑心地主”“打倒新军阀”。10月20日后，常熟县委在虞山联珠洞重建，没有参会的石楚材当选为候补委员，这是组织上对石楚材革命斗争精神的充分肯定。11月2日，石楚材因伤势过重牺牲于狱中。

徐青萍做裁缝时使用的竹匾

徐青萍做裁缝时使用的竹匾

沙家浜革命历史纪念馆藏。竹器，圆形，直径35厘米，高10.3厘米，竹匾的制作是种传统民间工艺，其周围使用藤编绕，竹匾底部及周围有几个小洞，竹匾原来漆了暗红底色，现已严重褪色。此竹匾为裁缝做衣服时放置针线等物品的工具，民间百姓也把它用来放置家庭缝补衣物的物品，如剪刀、针线、布块等杂物。2019年由徐青萍侄子徐天祥捐赠给沙家浜革命历史纪念馆。

徐青萍1913年生于常熟县唐市镇，原名徐锡生，原本是一名裁缝，很小的时候就跟随叔父学手艺，在叔父开的裕泰盛布店当学徒。当时做裁缝有一套专门的工具，如剪刀、尺子、顶针、镊子等，这些物品放在一个竹匾里面，方便干活时随取随用。徐青萍就有这么一只竹匾，从他第一天学艺开始，便跟随在了他身边。

1939年5月，江抗东进来到苏常地区，发动群众，打击敌人，掀起抗日高潮。徐青萍是个疾恶如仇的热血男儿，积极投身抗日活动。1939年12月，徐青萍的家乡成立了东唐市常备队。徐青萍一边当店员，一边积极从事抗日宣传和传递情报工作，他所在的裕泰盛布店成了江抗的情报站。一次日军到唐市镇上扫荡，将唐市镇上各交通道口封锁，唐市常备队队长诸敏情急之中来到裕泰盛布店，徐青萍迅速把诸敏藏到布店阁楼上布匹的夹层中，然后到楼下沉着应付敌人。等下午敌人撤离唐市镇，诸敏才离开阁楼。

1940年9月，唐市镇人民抗日自卫会成立。在成立大会上，徐青萍发表了慷慨激昂的讲话，他说："我坚决拥护抗日民主政权，不怕流血牺牲，坚决抗日到底。我要像青萍宝剑那样刺向敌人的心脏，坚决打倒日本帝国主义。"从此，大家都叫他"徐青萍"。年内，他加入中国共产党。同年12月，徐青萍担任唐市镇人民抗日自卫会主席。次年2月，唐市镇抗日民主政府成立，徐青萍任镇长。他把唐市地区的抗战工作搞得轰轰烈烈，唐市镇被评为苏常太地区的模范镇，徐青萍也被评为模范镇长。

1941年7月，日伪对苏常太地区进行大规模"清乡"。徐青萍为了革命的需要，执意要求留在第一线，利用裁缝身份作掩护坚持斗争。一天，徐青萍在八字桥时，敌人来了。敌人把当地老百姓集中在一起，叫男人站在一起，要女人逐一认领自己家属，并威胁说认错了要杀头。徐青萍腋下夹着个放针线包、尺等裁缝工具的布包，镇定地走出来对敌人说："我是个裁缝，让我去找个保人吧！"敌人看不出破绽，就问当地群众他是不是裁缝。在场的群众都说他确实是个裁缝，敌人就同意他去找保人。就这样，徐青萍依靠群众的掩护脱离了险境。

7月下旬，徐青萍又一次装扮成裁缝到厍浜开展工作，不料被奸细告密落入敌人魔掌。敌人用尽伎俩，都无法使徐青萍改变信仰。徐青萍面对审讯他的敌人怒斥说：“你们是一伙明火执仗的侵略者，是一伙杀人不怕血腥气的刽子手。你们杀了我也不能动摇我的信仰，想要我投降那只能是白日做梦!”敌人没有办法，对徐青萍下了毒手。8月6日，在徐青萍的家乡唐市街上，徐青萍被押着游街示众。临刑时，徐青萍昂首高呼：“乡亲们，永别了！抗日一定会胜利！”随后英勇就义。

朱凡的礼服照、托盘、成绩单等

朱凡的礼服照

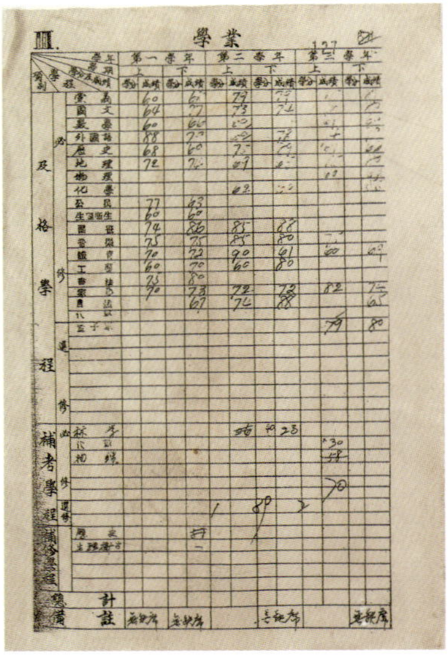

學業

朱凡的成绩单

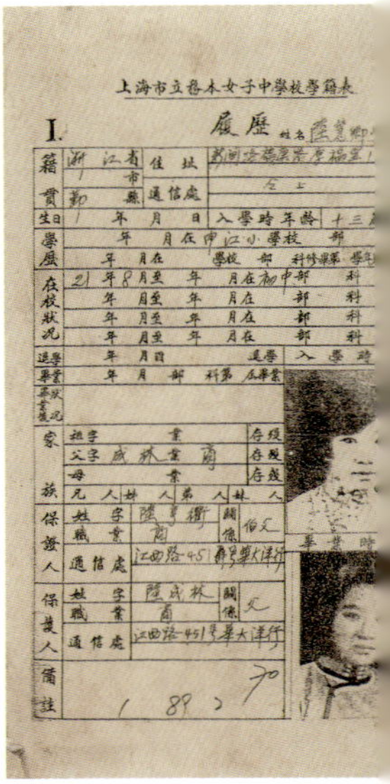

上海市立吾本女子中學校學籍表

履歷

朱凡的学籍表

托盘

沙家浜革命历史纪念馆藏。礼服照，纸质，纵15厘米，横12厘米，外框为木质，雕花纹，金色漆，有脱落，照片上的朱凡身穿一袭雪白的坠地长裙，嘴角露出恬淡的笑容，手捧鲜花，在花儿的映衬下，那楚楚动人的俏丽模样，恰似清丽脱俗的清水芙蓉，一眼看去，便是江南女子特有的清秀模样；托盘，木质，长30厘米，宽20厘米；成绩单，纸质，纵24厘米，横15

厘米，为朱凡在上海市立务本女子中学校读书时的成绩单。这组物品均为朱凡烈士的遗物。2006年8月3日，这套文物由朱凡弟弟朱介元、侄女陆蓓捐赠给沙家浜革命历史纪念馆。

朱凡，原名陆慧卿，1919年生，浙江宁波人，自幼长在上海。1937年，日寇对上海展开疯狂轰炸，陆慧卿所在的学校上海市立务本女子中学校也沦陷于烽火之中。面对年轻同学惨死，无辜平民身亡，她选择投身于抗日救亡运动。她将名字改为“朱凡”，意为要做红色队伍里的平凡一兵。在她的影响下，她的几个弟弟相继走上革命道路，加入新四军队伍。

1939年9月，朱凡告别亲人，来到苏常太抗日游击区。她担任过流动教师、小学校长，参加过民训班，当过民运工作队的副队长。1940年，她加入中国共产党。1941年担任横泾区委书记，后又调任辛莫区委书记。同年7月，日伪残酷的“清乡”开始了，上级指示，外地民运干部可暂时撤离包围圈，朱凡也在撤离名单之中。是撤还是留？她选择了留。为避免口音上的破绽引起敌人的注意，她苦练常熟方言，很快就练就一口地道的常熟话，再加上穿着打扮与本地农民一致，工作就更便利了。

1941年7月下旬的一天早晨，朱凡告别她的房东胡妈妈，召集留下来坚持斗争的部分同志开会，布置反“清乡”工作，并从上级发给她的两个月生活费中拿出一部分买了一些食品。当她来到经常在那儿秘密召开会议的尼姑庵时，遭到了日军的突然袭击，朱凡不幸被捕。

朱凡被捕后，穷凶极恶的敌人对朱凡严刑拷打，百般折磨，但始终无法得到新四军和给养物资的情报。最后，黔驴技穷的日寇对遍体鳞伤、奄奄一息的朱凡使出惨无人道的手段——用绳子一端绑住朱凡的一只脚，另一端系在汽艇上，在昆承湖中横冲直撞地拖行，直至她的鲜血染红湖面……朱凡以自己坚定的理想信念，把她的青春、热血、生命都毫无保留地献给了神圣的民族解放事业，献给了她为之追求、为之奋斗的崇高理想。

朱爱秾的钱袋、皮箱

朱爱秾的钱袋

朱爱秾的皮箱

沙家浜革命历史纪念馆藏。钱袋，布质，长15厘米，宽11厘米，闭合有金属拉链；皮箱，皮革，长50厘米，宽30厘米，高15厘米，前端有两个金属扣，中间是一个拉手。两物皆已破损。朱爱秾曾带着这两件器物去苏州女子师范学校学习，到徐市小学任教，走上革命道路后，她将钱袋及皮箱留在家中，带上简单的行囊投身于艰苦的抗日斗争。两件文物由朱爱秾家人捐赠给常熟市博物馆，2006年由常熟市博物馆调拨给沙家浜革命历史纪念馆。

朱爱秾，1918年生于常熟沈家市朱家宅基一富裕人家。毕业于苏州女子师范学校，后任小学教师，1938年到徐市小学任教。徐市镇上有二三十名男女青年，在民抗的影响下，组织了求知社，朱爱秾也是求知社的成员。她与社友一起参加各种抗日宣传活动，她除完成在校教学任务外，以巨大的热情投入抗日活动。后朱爱秾调回沈家市，白天在沈家市初级小学任教，晚上配合民运干部办夜校、教识字，宣传抗日救国的道理，发动青年、妇女投身抗日活动，常常忙到深更半夜。

正当她全身心投入抗日斗争之时，表哥张祥麟找到她，动员她去上海报考大学，一切费用由他负担。朱爱秾的抗日救国之志坚定不移，她斩钉截铁地回绝了表哥的好意。其时，她父亲正在苏北泰州李明扬部队的一个团里当秘书，母亲曾以恳切的语气对女儿说："你父亲也在抗日，我们到泰州去一样可以救国嘛，这样一家三口可以生活在一起。"她耐心地说服了母亲，不去泰州，坚持在本地开展抗日斗争。1940年冬天，朱爱秾加入中国共产党。从此，朱爱秾更加严格地要求自己，一心一意扑在抗日工作上。朱爱秾公正无私，爱憎分明。她有个堂叔原是国民党政府沈家市镇镇长，说了抗日保家乡的民抗部队不少坏话，被民抗侦察班抓了起来。其家属找到时任民刑股长的朱爱秾，恳求她暗中保释，被她义正词严地回绝了。

1941年5月，朱爱秾当选县委委员，任妇女工作部部长兼妇女抗日协会主席。6月下旬，为了加强对反"清乡"斗争的领导，县委委员大多下派各区，朱爱秾被分配到梅南区兼任区委书记。日寇"清乡"开始后，形势恶劣，在日伪到处建立据点、疯狂扫荡之际，朱爱秾毫不畏惧，配合五十五团一个连队主动向敌人出击。朱爱秾的父亲派了两位下属带了一笔钱特地回来接她到泰州去避难，原来的未婚夫也到处打听她的下落，邀她去梅李镇张家隐蔽。她回绝了他们，继续领导同志们坚持在反"清乡”斗争的一线。一直坚持到7月下旬，朱爱秾接到上级通知后，才和同志们撤至澄锡虞地区，而后又渡江去苏北如皋、靖江地区。

1941年9月中旬，转移至苏北的东路特委决定选派朱爱秾等一批从苏南撤至苏北的优秀骨干，组成民运工作队，随温玉成、包厚昌等率领的警卫一团南渡至沙洲地区，在该地开展反“清乡”斗争。半个月左右的时间里，敌军合力“围剿”，我方被分割包围，不断受到损失。10月初，朱爱秾等几个民运干部随团参谋长陈新一率领的一个排30余名战士冲出重围，渡过横套河，向西突围。半夜在江阴峭岐镇毗山边马家村休整，准备第二天夜晚再向西撤至西石桥，与大部队会合。不料，第二天傍晚被人数数倍于我方的日伪军包围。当时朱爱秾正患脚疾，行走不便，村里一位妇女劝她留下扮作自己的女儿。朱爱秾不忍连累善良的群众，步履艰难地跟着部队离村渡河突围。此河水中菱叶密布，菱茎紧绕，朱爱秾虽会游泳，但双脚仍被缠绕而不幸溺水牺牲。

顾景华抄写的文件、使用过的钢笔

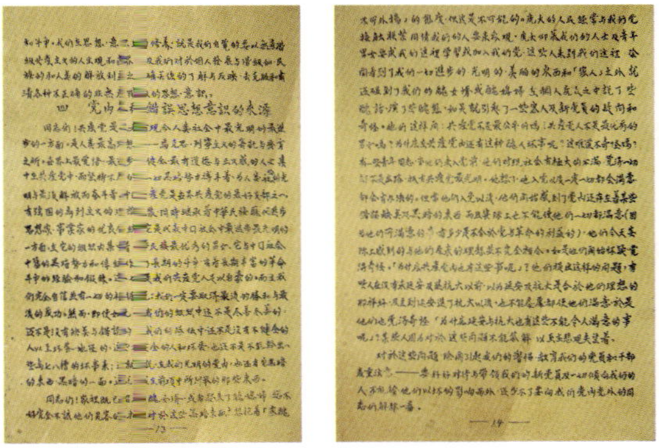

顾景华抄写的刘少奇《论共产党员的修养》片段

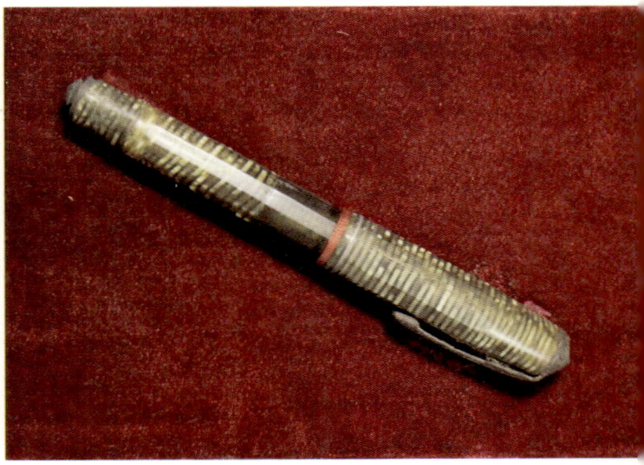

顾景华使用过的钢笔

南京雨花台烈士纪念馆藏。文件为顾景华亲笔手抄的刘少奇《论共产党员的修养》片段，共4页，纵20.5厘米、横14.5厘米。字体隽秀有力，体现了烈士生前通过抄写文章来学习并提升党员修养。钢笔笔头为14K金的，长12.5厘米。1939年，刘少奇著作《论共产党员的修养》在《解放》周刊首次发表。这部名篇丰富了党的建设理论，文章在党内迅速引起轰动，还被毛泽东选定为干部整风必读文件，哺育了一代代共产党人。

顾景华，1917年出生于常熟市吴市乡万福村一个贫苦农民家庭，弟兄三人，他排行第二。父母节衣缩食，送顾景华时断时续读了四年“竹节书”，以后就无力再送他踏进校门了。1938年秋，顾景华毅然加入民抗部队，从事民运宣传工作。为开展工作，他曾化名“丽中”“顾暂”，“丽中”与“景华”合起来正好是“景丽中华”四个字，体现出他热爱祖国的真挚之情，而“顾暂”的“暂”则蕴含着“斩除日寇”的深刻含意。追求上进的顾景华大概就是在这一时期抄写了这篇著名的党员教育文章。

1941年7月，日伪对苏常太地区发起“清乡”运动，根据党组织分散隐蔽、保存力量的指示，顾景华同其他本地干部一样，回到家里隐蔽起来，等候上级命令。当敌人得悉顾景华回家的密报后就几次上门抓捕，但都被他机智地躲过了。敌人恼羞成怒，就把顾景华的母亲和大哥抓到吴市镇上，关押在最胜庵里，并对顾景华所在村上的老百姓进行恐吓和胁迫。顾景华虽然在三弟的陪伴下隐藏于荒野，可他深知敌人的残暴狠毒，为保护群众及母亲和兄弟，他毅然挺身而出，身陷囹圄。

顾景华被捕后受尽酷刑，但他始终坚贞不屈，咬定自己只是民抗的普通一员。敌人无奈，过了一段日子后，敌人让他出来给在“清乡”中被抓来的所谓“犯人”做饭。敌人对刚关押的人先要饿上几顿，摧残他们的斗志。顾景华悄悄地捏了饭团从监房门框上面的气窗中投进去，不料被敌人发现，遭到拳打脚踢后，顾景华重入囚笼。不久，他就被移解至浒浦，以后又在苏州关押了3个月左右。在此期间，顾景华的妻子曾两度探望，顾景华对她说：“我的身份完全暴露了，敌人已将我列为重犯，死是一定的了，但抗日一定会胜利。”不久，顾景华就被移解至南京关押，最后在越狱暴动中牺牲，时年24岁。

茆春华的布衣

茆春华的布衣

沙家浜革命历史纪念馆藏。布衣长70厘米，宽50厘米，白色粗布衫。粗布，又叫“老土布”，是一种纯棉织物，来自新中国成立前劳动人民的一种织布工艺，全部为纯手工制作。它质地柔软，手感极佳，透气性好，经久耐用。茆春华的布衣款式为对襟短衫，门襟两边是旧式的盘扣。这是一件民国时期老百姓的基础服饰。2006年由常熟博物馆调拨到沙家浜革命历史纪念馆。

茆春华，原名茆立贵，1909年生，常熟浒浦人。渔民子弟。他在进步思想的影响下，积极投身革命活动，在党筹建的渔民子弟学校任教。1934年春参加进社，后进入中华民族武装自卫委员会常熟分会。1934年秋加入中国共产党。

1937年11月，在日军登陆常熟前夕，茆春华全家逃难回到苏北盐城的老家。1938年5月，茆春华全家返回浒浦，他和弟弟茆懿农（化名茅健群）相继投身抗日，茆春华经常在梅李、董浜一带奔忙，很少回家，即使有时回家也总是找人商量事情。1938年下半年，他与中共常熟县委取得联系，积极做好地方武装吴文信部的统战及以后江抗对吴部的收编工作。常熟县抗日民主政权成立后，他任军事科副科长、常熟县自卫队总队部副总队长。茆春华带领部队在徐市、浒浦一带积极打击日伪期间，常常忙到吃不到一顿安宁饭，睡不上一宿太平觉。有时他带着十来岁的女儿一起出门，以女儿为掩护奔走于抗日游击区内，开展工作。

1941年7月，日伪对苏常太地区进行残酷“清乡”。茆春华托人把妻子和女儿送到上海寄住。同年秋天，茆春华和她们住进了上海四马路上的新民旅社，此时的茆春华就经常穿着这件白色短褂，和所有普通的丈夫、父亲一样，疼爱着他的妻女。10月24日晚，因被人出卖，一家人遭日军逮捕。敌人对茆春华百般折磨，把他打得浑身血肉模糊，但他坚贞不屈，誓不连累妻女。由于找不到证据，茆春华的妻女被释放。敌人将茆春华装进麻袋押回支塘镇，交给日军桑口部队，日军把他关进两人深的地穴里。敌人用尽酷刑，但他依然坚不吐实。1942年1月2日早晨，敌人将茆春华从地穴提出，押到镇外，将其杀害，茆春华英勇就义。

陈关林的布衫

陈关林烈士的布衫

沙家浜革命历史纪念馆藏。布衫长70厘米，宽45厘米。为白色粗布对襟短衫，前胸有老式盘扣，为烈士陈关林生前服装。2006年由常熟博物馆调拨给沙家浜革命历史纪念馆。

陈关林，又名陈士良、陈志良，1906年生，常熟董浜人。曾进城区长发隆酱园当学徒。18岁回董浜，在茶馆帮工，后经营涵芬阁茶馆。

日军侵占常熟后，陈关林积极参加抗日活动。董浜镇在抗日战争时是我党领导的抗日核心区域之一，无论是地方抗日武装、新四军部队，还是中共党政组织、抗日群众团体，一应俱全。

在抗日民主政权的支持下，陈关林在镇上除开设涵芬阁茶馆外，还开了家名为“陈桂记”的面饭店，在1939年春至1941年上半年，陈关林的店又成为江抗部队的交通联络场所之一。他经营的茶馆和面饭店成了苏常太抗日游击根据地的重要联络点和接待点。他经常穿着这件白色短衫，热情接待众多党政军干部以及从上海等地前来参加抗日的革命青年。陈关林不是共产党员，但他是具有坚定抗日信念的赤色群众，他的工作受到领导干部和抗日群众的赞扬。

1940年4月20日左右，新四军三支队副司令谭震林奉中共中央东南局、新四军军部命令来到常熟领导抗日，曾在董浜涵芬阁茶馆开展工作。

1941年7月，日伪开始“清乡”。8月18日，陈关林被捕，后被押解到设在苏州的江苏省第三监狱，他受尽酷刑，但坚不吐实。1942年11月，陈关林被日军杀害。1982年5月，谭震林来到常熟，重游作战地。谭震林夫妇在虞山饭店亲切会见了陈关林的妻子陈二妹，与之合影留念，并一起祭扫烈士陵园。

鲍志椿的呢裤、书籍等

鲍志椿的呢裤

鲍志椿的书籍等

苏州革命博物馆藏。包括鲍志椿烈士生前使用过的呢裤、书籍、习题纸、练习本等。呢裤为棉麻纤维材质，长100厘米，宽34厘米。书一共3本，有民国时期出版的苏联作家乌利亚诺夫的《最后阶段的资本主义》等。习题纸为纸质，长20.6厘米，宽13.2厘米，上有鲍志椿烈士的笔迹；练习本长9.5厘米，宽13厘米。由苏州博物馆统一调拨至苏州革命博物馆收藏。

鲍志椿，1914年出生于常熟王庄，出生不久，父亲离世，由母亲抚养长大。他从小学习努力，成绩优良，后考入无锡省立师范高中部，在学校开始接触进步思想。1932年高中毕业，为了革命，他放弃继续进大学深造，专心在无锡从事党的秘密工作。他在民众夜校任教师，向工人宣传革命道理，领导三轮车夫进行罢工斗争。1933年被当局逮捕入狱，他在狱中坚持斗争。1934年12月，出狱后的鲍志椿说："一年多的监狱生涯，胜读十年书。身体虽遭到摧残，但革命意志锻炼得更加坚强了。”此后，鲍志椿在无锡农村做小学老师，经常抱病上课、接济贫困学生，当地群众称赞他是“受人尊敬的好先生”。1935年秋，鲍志椿考入上海暨南大学化学系。入学后，他因参加抗日救亡运动被学校开除。此后他刻苦自学日语，当家庭教师，继续从事秘密革命活动。1936年3月，鲍志椿加入中国共产党。

1937年，抗日战争全面爆发，鲍志椿回到家乡常熟王庄，组织成立旅外学生抗日后援会，向群众进行抗日救亡宣传，募捐慰问品，支援前方将士。1938年，他来到上海做难民收容服务工作，教难民识字、唱歌，进行抗日救亡宣传，还动员大批难民去安徽参加新四军。

1939年秋，鲍志椿被调往苏北新四军挺进一纵四团当政治处主任。1940年春，他在新四军挺进纵队政治部做秘书工作。1941年初，又任新四军一师三旅八团政治处主任，开始和团长王澄并肩作战。1943年3月，鲍志椿调任东南警卫团副政委；6月，任东南县委书记兼东南警卫团政委，与王澄一起，领导东南军民抗日，进行反“清乡”斗争。鲍志椿和王澄一起积极谋划反“清乡”斗争，打了不少漂亮仗，使敌人遭到重创，赢得反“清乡”斗争的重大胜利。日军听到东南警卫团就闻风丧胆，称他俩是“两只虎”。

鲍志椿与战士们同甘共苦。很多同志在后来的回忆中指出鲍志椿既是英勇善战的军事指挥员，又是爱兵如兄弟的好领导，生活上处处严格要求自己，艰苦朴素。与鲍志椿一起工作过的同志，都能感受到他对党的忠诚，对革命的坚决，他吃苦耐劳、英勇善战、忘我工作的革命精神，影响了身边的很多人。1944年12月，团部和县委、行署机关驻在今启东巴掌村附近，遭到日伪军百余人三路奔袭包围，王澄立即同政委鲍志椿到村外察看敌情，准备组织反击，不料被埋伏在附近的日军特工队发现，两人同时中弹牺牲，时年均为30岁。1948年，为纪念两位烈士，该地区由聚星区更名为“王鲍区”，此后虽历经区划调整，但“王鲍”的名字始终未改。1989年，当地政府修建王鲍烈士纪念馆，用以永远纪念两位烈士。

李建模写给母亲的信

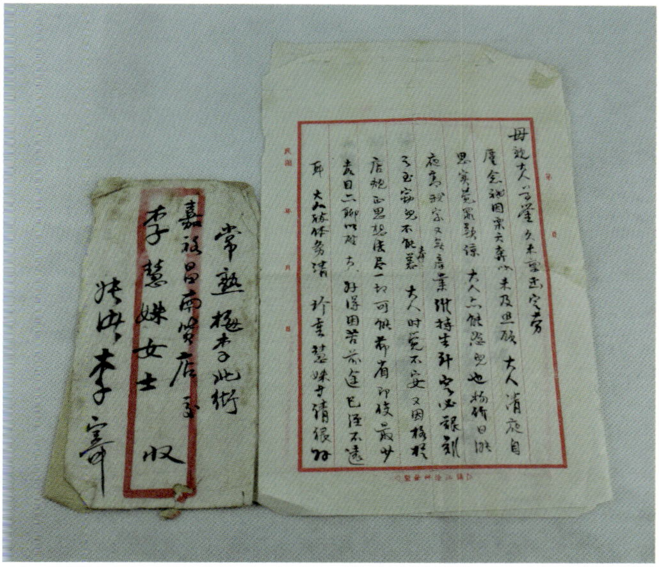
常熟梅李北街
嘉裕昌南货店交
李慧姝女士 收
张渚 李寄

李建模写给母亲的信

苏州革命博物馆藏。这封亲笔信共2页，信封纵17厘米，横8.5厘米，信纸纵24.5厘米，横16.8厘米，信封文字和邮戳反映此信为1943年10月由宜兴张渚镇寄往常熟梅李。信件字迹清楚，内容完整。此信曾于2020年6月赴京，参加《纪念全民族抗战爆发83周年——抗日根据地创建与发展》专题展览。2009年6月，经江苏省文物局批准，这封家书由苏州博物馆统一调拨至苏州革命博物馆收藏。2011年12月经江苏省文物局评审，定级为馆藏三级文物。

这封信是李建模在抗日战争期间写给在江苏常熟的母亲的，内容如下：

母亲大人尊鉴：

久未禀函，定劳廑念。只因整天奔波，未及照顾大人。清夜自思，实觉罪歉，谅大人亦能恕儿也。物价日涨夜高，我家又无产业维持生计，定必艰难之至。窃儿不能奉养大人，时觉不安。又因格于店规，正思想法尽一切可能节省，即使最少数目，亦聊以慰。大人，好得困苦，前途已经不远耳。大人福体务请珍重，慧姝等请很好教育，儿当常来函问候。大人福体决不真如以前也，并请大人赐谕示。来信寄长兴煤山镇徐泰和转交可也。

祉祺 福安

儿鸿叩上

姑母大人等道安

永鹤表弟问好

李建模，1907年出生于常熟梅李镇的一个普通家庭，幼年丧父，由母亲独自抚养成人。他14岁进布庄当学徒，23岁升任陆同福布庄驻上海的负责人。在上海，他在立信会计学校学习了财经知识，并接受了进步思想，1934年，加入中国共产党。后来他在梅李、浒浦等地发展进步团体，组织艺丝社，出版《艺丝》周刊，宣传革命思想。

1938年春，他受中共江苏省委派遣，回常熟领导抗日斗争，是常熟人民抗日自卫队的创建人之一。在创建和巩固苏南东路抗日游击根据地的过程中，需要大量的经费和物资保障，他想方设法筹措资金，千方百计征集物资，精打细算合理分配。为筹集经费和武器，他甚至把母亲纺织纱布的多年积蓄、妻子的金银首饰和变卖两间房子的钱全部捐出。李建模为保障革命经费和物资供给作出了贡献，被誉为新四军在苏南抗日游击根据地的理财能手、“红管家”。

1942年，李建模从新四军六师调到茅山抗日根据地工作，先后担任江南财经处处长兼惠农银行行长、新四军六师十六旅供给部部长、苏南人民行政公署行政委员兼财经处处长等职。此信写于1943年，正值日伪集中大量兵力对茅山、丹北、太滆等地区的抗日根据地进行疯狂“清乡”，革命形势极为严峻，财经工作困难重重。李建模不畏艰险，带领财经干部积极向边区开辟税源、征收税款。由于环境恶劣，不少财经干部因此牺牲。在他的努力领导下，新四军的经费问题得到了缓解。

李建模严格执行财经纪律，艰苦朴素，廉洁奉公。尽管“腰缠万贯”，个人从不动用分毫，极其勤俭：一张白纸两面写，一只信封用四次；晚上点灯记账用三根灯芯，开会点两根，不办公只点一根。至今保留的他当年写给金坛县财政干部的一封信，巴掌大的信纸，正反两面都写满了字。李建模为抗日精打细算，节约每一个铜板的模范行为，受到了谭震林等新四军领导的赞扬。

抗战胜利后，1945年10月，李建模随新四军北撤，因“中安轮”在长江沉没而殉难，牺牲时年仅38岁。

李建模留下的这封家信里，他以流畅的行书，表达了对母亲的牵挂和嘱托。他对于物价飞涨、度日艰难却无法奉养母亲表示内疚，也透露出一个孝顺儿子的无奈和深情。这封信的背后，真实地展示了一位革命先烈的清廉风骨和高尚情操，从侧面折射出他一生艰苦奋斗、廉洁奉公的崇高美德。2009年，江苏省评出“50位为新中国成立作出突出贡献的江苏英雄模范人物”，李建模名列其中。

戈仰山的夹裤

戈仰山的夹裤

沙家浜革命历史纪念馆藏。织绣，长100厘米，宽30厘米。灰底条纹，腰上是蓝青色的拼接土布，已有磨损。夹裤不同于单裤，是有内衬的裤子，这条棉质有条纹的裤子比较厚实，为戈仰山在秋冬季节时所穿。2006年由常熟博物馆调拨到沙家浜革命历史纪念馆。

戈仰山，1915年出生于常熟白茆，乳名阿根，从小喜欢读书，立志报国，他取《诗经》“高山仰止”之意把自己的名字改为戈仰山。全面抗战开始后，戈仰山寻找机会参加抗日运动，他曾利用自己的教官身份组建了一支武装，有四五十人、二十多支枪，不过由于经费问题而不得不解散。江抗东进后，戈仰山的家乡成了抗日游击区，他以极大的热情投入抗日斗争。

1940年4月东路军政委员会成立后，在东路地区掀起群众性的抗日运动，相继建立各种抗日协会。戈仰山在家乡积极发动群众团结抗日，先后成立农抗会、青抗会、妇抗会，并组织地方抗日武装即自卫队，全身心投身抗击日伪、保卫家乡的红色浪潮，戈仰山成为地方党组织的好帮手，他的家乡被称为“红色的坞坵”。1940年初，戈仰山加入中国共产党，不久任苏州县（常熟境内白茆塘以南地区）委委员、组织部部长，李白区委书记，他是苏州县委唯一由当地农民成长起来的领导干部。

1941年6月，为对付日伪“清乡”，东路军政委员会苏常太分会在唐市成立了“清乡”斗争委员会，上级决定成立以戈仰山为首的苏州县反“清乡”斗争委员会，领导反“清乡”斗争。抗日军民的反“清乡”斗争极为艰苦。由于敌我力量悬殊，苏常太地区的抗日斗争遭受严重损失，戈仰山等人被迫撤离，转移到了上海。

1942年秋，戈仰山秘密返回常熟，为恢复敌后游击斗争作准备。1943年5月—6月，徐政、朱英率10名武装小分队队员渡江南下，与在梅李乡下的戈仰山会合。1943年冬，根据上级决定，武装小分队成立了由戈仰山、徐政、朱英三人组成的领导核心，戈仰山负责农村党组织的整顿和建设工作，他逐步与各地党员和积极分子取得联系，恢复了一些党支部和党小组，对于恢复条件不成熟的地方，则以党员为核心吸引积极分子，建立“兄弟十人团”等外围组织。通过戈仰山的努力，到1944年夏，共恢复建立了5个党支部，建立了34个“兄弟十人团”，为恢复苏常太游击区斗争打下坚实基础。

1944年初夏，戈仰山与部分武工队队员宿营在梅李塘桥附近的一个村庄上，清晨刚要转移时，被下乡搜查的敌人发现。戈仰山让其他队员撤走，自己留下来作掩护。他与敌人展开激烈枪战，终因寡不敌众，身中数弹。他无法走路，于是纵身跃入河中，最后不幸被捕。后经组织多方营救，在抗战胜利前夕出狱。

出狱后，戈仰山因被敌人的子弹击破了嘴巴，面部留有疤痕，不利于在常熟地区隐蔽和开展工作。1946年2月，组织上决定让戈仰山与无锡锡东县特派员惠峻山对调工作。戈仰山刚到无锡，突遭敌人袭击，被包围而被捕。面对敌人的严刑拷打，戈仰山丝毫没有吐露党的机密，1947年被敌人杀害于常州。

薛惠民的印盒、吐血用的陶罐

薛惠民的印盒

薛惠民患肺病后吐血用的陶罐

沙家浜革命历史纪念馆藏。印盒，木质，长6厘米，宽4厘米，红色；罐子，陶器，直径12厘米，高10厘米，黑色，有破损。均为薛惠民生前使用过的物品，2006年由常熟博物馆调拨给沙家浜革命历史纪念馆。

薛惠民，1917年生于常熟梅李一农民家庭。幼年读过私塾和小学，父亲辞世后，进入梅李镇日新成布店当学徒。1931年之后，全国人民的抗日救亡运动风起云涌。薛惠民和梅李镇上的一些进步青年阅读进步书刊，宣传抗日救亡。1934年，薛惠民等加入了进步组织进社，不久转入中华民族武装自卫委员会常熟分会。同年秋，在武卫会常熟分会中建立了党支部，薛惠民是第一批入党的4名党员之一。

1937年11月常熟沦陷后，薛惠民一边同几个党员尽量设法与上级取得联系，一边收集枪支弹药，组织家乡驸马泾附近的青年农民建立自卫队。1938年5月，中共常熟县委重建。薛惠民率领自卫队骨干参加县委举办的军事训练班。同年8月，常熟人民抗日自卫队成立，驸马泾的这支自卫武装成了民抗的重要组成部分。1939年5月，江抗东进，常熟民抗主力即随江抗行动。6月，成立常熟民抗总部，薛惠民任参谋长。9月，江抗西撤，薛惠民和其他留守同志坚持斗争，发展民抗力量。1940年8月，薛惠民当选为常熟县人民抗日自卫会执行委员。常熟民抗扩大后又新建了3个连，编为新江抗第五支队，薛惠民任支队长。在新江抗主力西移开辟澄锡虞根据地后，薛惠民带领第五支队完成了巩固和发展苏常太根据地的军事任务。

1941年皖南事变后，新江抗第五支队编入新四军六师十八旅五十三团。薛惠民改任江南保安司令部所属警卫二团副团长。6月初，他兼任常熟县县长。1941年7月，日伪“清乡”，五十四团的一个营和警卫二团合并组建为五十五团，薛惠民任团长，这个团成为反“清乡”斗争的主力。由于敌我力量悬殊，苏常太地区的反“清乡”斗争遭受严重挫折。8月初，薛惠民奉命率部队向西突围，后到达苏北。

到苏中抗日根据地后，薛惠民被任命为新四军第六师十八旅作战科科长。由于长期处于艰苦的斗争环境，他患上了肺病。1942年春，薛惠民调华中党校学习。在学习期间，他病情复发，日益严重，但始终坚持学习。1942年冬，薛惠民化名黄皓，到通海地区配合任天石隔江领导苏常太抗日游击斗争恢复工作。他到上海设立秘密联络站，向苏常太地区派出武装小分队，开展敌后游击斗争，同时恢复党组织。

1944年9月，薛惠民到达常熟农村，召集全体武装小分队队员会议，宣布成立苏常太武装工作队，同时建立武工队党支部。1944年12月，中共苏中六地委苏常太工委成立，薛惠民任工委书记。正当苏常太游击区的恢复重建工作蒸蒸日上的时候，由于工作繁重，劳累过度，薛惠民的病情恶化了。尽管病魔缠身，他还是坚持工作，经常咳嗽和吐血，跟随武工队移动时，常常累得额上沁出豆大的汗珠，不得不由别人扶着走路。六地委领导动员他到苏北治病，他因放不下工作而未去。

1945年3月，薛惠民的病情严重恶化，路走不动，说话也感到困难，再也不能与同志们一起行动了。组织上将他安排在长江边上的一个偏僻小村庄——吴市包家湾的群众家中养病。在病榻上，他一边咳嗽吐血，一边批写文件，还经常找人来研究工作。而这陶罐，就是当时薛惠民病情晚期吐血严重时使用的，放置在薛惠民的病榻边。

4月20日，薛惠民终因病情过重，医治无效逝世。逝世前，苏中军区任命他为苏中六分区副司令员，但任命书送达江南的时候，他已永远地离开了同志和战友们。

季元福的砚台、公文包、棉衣

季元福的砚台

公文包

棉衣

沙家浜革命历史纪念馆藏。砚台，长18厘米，宽11厘米，石质，长方形，有破损；公文包，皮质，长40厘米，宽30厘米，有拎手，左右两边各有一搭扣，这在当年是非常时尚的公文包；棉衣，布质，长120厘米，宽45厘米，侧面斜开襟，盘扣加立领，棉衣外面一层为棉质的粗布，有隐条暗纹，非常厚实。1929年，国民政府公布的《服制条例》将藏蓝色长袍、上身外罩黑色马褂之男装定为“国民礼服”，季元福的这件棉衣，款式上有袍子的影子。2006年由常熟博物馆调拨给沙家浜革命历史纪念馆。

季元福，1924年生，常熟古里人，曾读过十年私塾，后到米行当学徒。他在家乡办了一所小学，一面教书，一面参加抗日运动。1939年组织农民抗日协会和地方自卫队，1941年加入中国共产党。曾任中共杨瀹村党支部书记。同年夏，日伪“清乡”，我军北撤，季元福留守江南，坚持斗争。1945年任中共东横区委组织委员。

抗战胜利后，因身份暴露，组织上调季元福到外地工作，先任何项区特派员，后调泄水地区任秘党领导工作。1947年4月，调任东横区委副书记。一个风雨之夜，季元福因工作来到坞圻水车沟朱家婶婶家，朱家婶婶是红色堡垒户，她热情地接待了淋得浑身湿透、冻得发抖的季元福，并拿出饭菜招待季元福。季元福吃罢要付钱，朱家婶婶坚决不收，她体贴地问：“小季，你是个有文化、有身份的人，这样风里来雨里去、饱一顿饿一顿的到底图个啥？”季元福回答：“因为我是共产党员，图的是老百姓得解放。”同年10月16日，季元福率武工队队员流动到白茆周家村附近，遭国民党青年军、自卫队袭击。在奋勇突围渡过白茆塘时，季元福中弹壮烈牺牲，年仅23岁。

任天石写给大年哥（包厚昌）的信

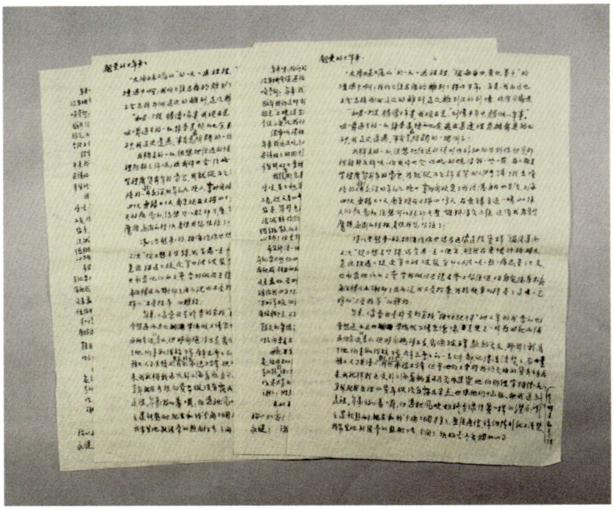

任天石在狱中写给大年哥（包厚昌）的信

原件由南京雨花台烈士纪念馆藏，常熟市档案馆存有影印件。这封信共2页，单页纵27厘米，横18厘米。以钢笔字书写，书写人是任天石，收信人是大年哥（即包厚昌），行文从左至右，从上到下。该信是1947年7月任天石在南京国民党监狱中写的，托同狱难友辗转携带出来，在解放战争的艰苦环境中由陈刚保存下来，新中国成立后被拍摄成照片。信件内容反映了任天石在狱中面对敌人的刑讯利诱，始终保持着一个共产党员的铮铮铁骨和纯洁品德。

任天石（1913—1948），原名任启生，江苏常熟梅李人。1913年出生于常熟一个中医世家。1932年9月，就读于上海中国医学院，毕业后返乡行医。抗日战争全面爆发后，任天石弃医从戎，先后任常熟人民抗日自卫队副大队长、大队长。1939年秋加入中国共产党。1940年任中共常熟县委书记。1946年9月任中共中央华中分局十地委常委兼社会部部长。

1947年1月，华中十地委机关迁到上海，任天石到上海不久，因坏人告密，1月30日夜被捕，一起被捕的还有黄叔雷、陈行之等人。在上海被关押的40多天时间里，敌人屡次刑讯逼供、威逼利诱，任天石始终坚贞不屈。5月下旬，任天石被押解到南京，关押在首都卫戍司令部军事看守所。在狱中，他结识了因翻车砸伤长官的汽车驾驶员，通过他多次夹寄出书信和诗文。在这封给十地委常委包厚昌的密信中，任天石讲述了自己被捕之后的经历，他写道：“霎时间改变了我活泼自在的生活，上海四十天，无锡七十天，南京现在又将四十多天，在无锡生过一场二十多天的病，当初，臆想可以脱却凡尘，谁料得命不绝，还须我再历些磨难。”

在讲述于无锡遭到敌人肉体刑罚以及威逼利诱时，他用隐语写道：“得以告慰哥哥的是，相信你也认我还像这信笺样‘濯清涟而不妖’，从不想弄些钱，或贪图一点小便宜，虽然在无锡赶路时太急迫，跌过二跤，皮肤也被破裂，有什么办法呢？熬了痛，忍受了下来，也承蒙他们的不弃，要我做同店号名誉上的经理，但自觉德薄才浅，无法胜任而谢却了，反而说我不受抬举，我很庆幸的接受了这无上光辉的不受抬举的雅称！’在表达坚定的信仰时，他写道：“年哥，放心着吧，任凭秋风吹，（我）始终会像信笺一样的洁白！今夜、将来都是一样，总之还能忍耐。”

虽然身在狱中，但任天石始终关注着外面的革命形势：“我经常挂念着你们的动态，上海时，遥望着白浪滔天的黄浦江，都市乡村的清凉味，呆呆翘首望望云天，低头偶语着：‘春景宜人群魔盗，万卉逞雄易烟硝，咫尺重山繁华市，为民幸福被坐牢！’晚上睡着又深深地感到‘惨淡灯光照监房，简壁重门意不挠。百般磨难非人受，自古暴政系回光’。只有感慨，无法减轻你们的负担。在无锡时，经常听到你们的盈利，他们的头痛，树倒猢狲散的不满情状，暗暗的欣喜着，来日方长，后会有期，只有这么来表示我的心迹！”

以上这封密信中的文字，清晰地记述了任天石面对敌人严酷用刑、威逼利诱却绝不背叛组织的经历，表现了他坚贞不屈、视死如归的决心，同时也表达了听到革命事业节节胜利时的喜悦心情。这封信所传递的任天石在狱中的残酷经历和坚定的革命信念，是他把一生献给革命事业的真实写照，具有很高的历史价值，是极其珍贵的革命文物。

徐政的砚台、布包和白布衫

徐政的砚台

徐政的布包

徐政的白布衫

苏州革命博物馆藏。为常熟籍烈士徐政的遗物。砚台为砖瓦质，长9.3厘米，宽13.6厘米，高1.2厘米；布包，棉麻纤维质，长20厘米，宽25厘米；白布衫，棉麻纤维质，长35厘米，宽70厘米。以上物品经江苏省文物局批准，由苏州博物馆统一调拨至苏州革命博物馆收藏。

徐政，1913年出生于常熟赵市乡村里一个徐姓的贫苦农民家庭，5岁时被浒浦一家姓宋的船民家庭领养。小学毕业后，他为自己改名“宋思学”。1927年考入上海国立劳动大学附属中学，深受进步思想的影响，加入中国共产主义青年团。

抗日战争全面爆发后，宋思学积极参与抗日活动，历尽劳累折磨也不改斗争到底的决心。1939年。他离开国民党中央军校的特别训练班，回到常熟参加抗日，于1941年任江南保安司令部警卫一团连长，并加入了中国共产党。他在日军大规模“清乡”时被捕，于押解途中机智脱身，逃回常熟城中。为了继续投身战斗，他在友人的帮助下改名“徐政”。1943年，他带领新四军挺进小分队在农村开辟点线活动基地，振奋群众斗志，受伤后仍坚持工作。1944年，徐政任苏常太武工队党支部书记兼副大队长。在此期间，他积极进行群众工作，因而受到人民的爱戴。1948年2月，他被任命为苏常太工委副书记。

1948年3月12日夜里，徐政和武工队队员住宿于李市乡庄浜桥梅家宅基一位积极分子家中，却因人告密，被国民党保安队的一个班搜索到行踪。为了保护群众，徐政带领武工队队员撤出梅家宅基，向荒滩突围而去。在越过庄浜桥后，他们掀翻桥板，阻断了敌人的脚步，但徐政却被敌人的子弹击中，临终时，他奋力摆脱了同志的搀扶，吩咐其余同志尽快后撤，在留下一句“解放的日子不远了，要坚持下去”后，永远地闭上了双眼，时年35岁。徐政牺牲的消息使任石区的百姓和武工队队员都深感震惊和悲痛，为了纪念这样一位深受人民和同志爱戴的英雄，1950年，唐市区在徐政牺牲的地方设置徐政乡。1958年成立任阳人民公社，年底，任阳人民公社五大队更名为“徐政大队”。1980年后更名为“徐政村”。

黄叔雷狱中写给妻子的信

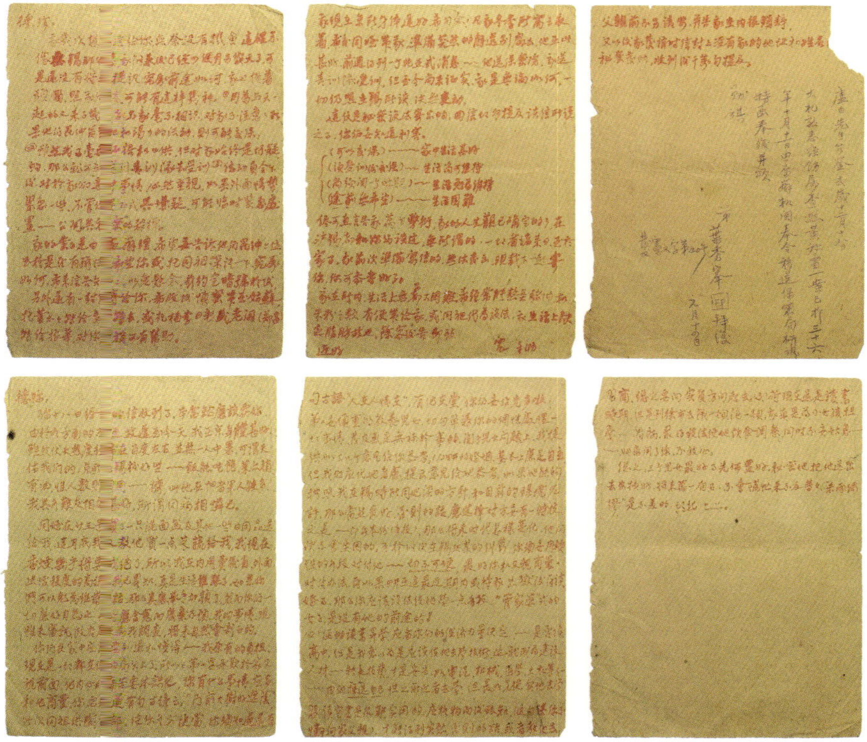

黄叔雷狱中写给妻子的信

南京雨花台革命烈士纪念馆藏。是1947—1948年烈士黄叔雷在南京保密局监狱羁押期间写给妻子王德珍的三封亲笔信。由于年代较久，纸张已经发黄变脆，部分已经残缺不全。纸上密密麻麻写满了字，有的是用红墨水写的，有的是用蓝墨水写的，大部分是简体字，个别用的是繁体字。第一封、第二封向家人表明自己的案情可能带来的后果以及对家庭生活的影响，劝勉家人不要牵挂；第三封则是对家人日后生活的交待和安排。这三封烈士家书是2005年由黄叔雷小女儿黄荷捐赠给南京雨花台烈士纪念馆的。其中一封信部分内容如下：

德珍：

我几次想写信给你，无奈没有机会，这里不像无锡那么松，我解来后已经四个月零几天了，可是还没有将我提讯，究竟前途如何？我也摸（不）着头脑，照我估猜，可能有这样几种：①因为与天（石）一起的又来了几个，都与我毫不相识，对我不注意了。如果他们昆仲肯帮忙和竭力的活动，则可能交保。②虽然我事毫无证据和口供，但对我始终是怀疑的，那么就可能送到青训队去受训。③总动员令下后，对于我们这种事情必然重视，如果外面情势紧急一些，不管你是正式与嫌疑，可能临时紧急处置——公开与秘密的杀掉。

这信是秘密设法寄出的，回信切勿提及该信所说之事，你们要知道利害。

（可以交保）——家中生活甚好

（须受训后交保）——生活尚可维持

（尚须关一个时期）——生活勉为维持

（前途无希望）——生活困难

尽可直言告我，万勿敷衍。我的人生观已确定的了，在沪、锡都和你们谈过，无所谓的，一切看诸来日。

黄叔雷，1907年出生于常熟徐市旗杆里一个书香门第之家，其父黄谦斋是前清翰林，在当地名声颇大。黄叔雷曾就读于金陵大学，回乡后做航运生意，经营吴市到常熟的客班轮船。日军侵占常熟后，黄叔雷在爱国热情的驱使下毅然放弃优越的生活，1939年初加入陈震寰在徐市建立起来的抗日武装，后被编为江抗独立三支队，黄叔雷任作战参谋。同年秋，随江抗部队西移北上，被调往皖南新四军军部教导队学习，后任安徽望江行署秘书、无为县县长等职。不久，党派黄叔雷到启东，任启东县司令科科长、新兵团参谋长。1946年，黄叔雷加入共产党。当年12月，黄叔雷调到华中十地委社会部工作。1947年1月，他与任天石等在上海被捕。他们先是被关押在上海虹口警备司令部，后被押解到南市拘留所，40天后被押至无锡卫戍司令部指挥所，5月，被转押到南京保密局监狱。在关押过程中，黄叔雷多次被提审，受到严刑拷打，遍体鳞伤，但他始终没有屈服，也未透露党内的任何秘密。黄叔雷在任天石的安排下两次越狱，但都未成功。

黄叔雷在狱中给妻子写了三封信，由于当时监狱条件恶劣，且传递渠道隐蔽、秘密，家信纸张大小不一，有的内容重复，有的内容前后不连贯，有的署了名，有的未落款。黄叔雷的书信充满了生活气息，就像是一个远在他乡的人告知自己的妻子可能回来和可能不回来的原因，交代妻子如何维持好家庭生活。

信一是临行时的绝笔，没有什么豪言壮语，但字里行间却清清楚楚地体现着他对党的赤胆忠心，对妻子和儿女难以割舍的依恋之情。对于自己的案情，被捕后的黄叔雷理智地分析了自己可能遭遇的几种结局。他分析情况，作了几种设想，并且作了最坏的打算。虽然身陷囹圄，但从信中可以看出黄叔雷考虑更多的是三个孩子的将来。

黄叔雷被捕期间，黄谦斋曾利用社会关系进行多方面营救。当时国民党新闻局副局长曾虚白的父亲曾朴（晚清小说家、著名小说《孽海花》的作者、民国初年的江苏省财政厅厅长）是黄谦斋的莫逆之交。曾虚白一直努力营救，由新闻局局长董显光出面，写信给保密局局长毛人凤，毛人凤回信："黄叔雷一案因与任天石案有关，由总统府提走。"不久，黄谦斋再次恳托曾虚白，旋得中统特务头子叶秀峰来信。在黄叔雷烈士残缺的遗信上，抄有叶秀峰于1948年1月14日写给曾虚白的信，告知黄叔雷一案已于1947年10月11日由原办机关奉令移交保密局严讯。黄叔雷案件属于较重大的一类，虽有国民党上层人物出面援手，但营救最终没有取得成功。

1948年12月，黄叔雷英勇就义于南京雨花台。

夏光的文件箱

夏光的文件箱

沙家浜革命历史纪念馆藏。金属器，长40厘米，宽30厘米，高40厘米，表面铁皮锈迹斑斑，凹凸不平，文件箱的前端有搭扣，已损坏。铁皮文件箱是曾长期担任参谋工作的夏光行军打仗时使用的。部队行军时，夏光把书籍、文件和地图等资料装在文件箱里。每到驻地，夏光便把铁皮文件箱内的地图等军用资料拿出来，和部队领导一起研究战术，制订作战计划。该文物是20世纪90年代夏光委托常熟市委党史工办捐赠给沙家浜革命历史纪念馆的。

夏光，原名夏克绍，1909年出生于湖南省武冈县。1939年5月，夏光随江抗东进，任江抗总指挥部作战处处长兼第五路参谋长。9月，受到国民党的挑衅，为顾全抗战大局，江抗部队撤离东路。在阳澄湖畔的后方医院留下数十名伤病员，夏光作为病员也留在了阳澄湖畔。

1939年11月6日，江南抗日义勇军东路司令部成立，由夏光任司令。重建江抗部队，称为“新江抗”。夏光提议，新江抗的近期目标是建立由四个连组成的加强营，以便能控制基点，逐步巩固发展。新江抗成立后，由江抗痊愈伤病员为骨干组建了特务连。由于缺乏人、枪、款，夏光开展了卓有成效的工作。夏光利用与阳澄湖地区游杂武装头目胡肇汉是湖南老乡的关系，委任他为副司令，此举稳住了苏常游击区南侧的形势。为解决枪支问题，夏光出面委任周嘉禄为参谋长，争取到了周嘉禄的不少武器。夏光对何市的殷玉如进行耐心的说服教育，派干部战士充实殷部，编为新江抗独立二大队。太仓保安四团被日击溃，夏光、杨浩庐冒雪连夜奔赴太仓岳王市，帮助该部三营副营长郭曦晨、连长李超收容三营近百人枪，仍以保安四团名义活动，实际整编成新江抗的一个连。夏光指挥新江抗在唐市、横泾一带的北桥、南桥、李市等地与敌人战斗，不让敌人下乡抢粮。又与昆山日军在阳澄湖畔的阳沟溇展开激战，击毙敌军指挥官。1940年4月，谭震林到东路地区成立新四军东路军政委员会，将部队改编为江南抗日救国军，同时成立东路指挥部。1941年3月，在东路活动的原江抗部队改编为新四军第六师十八旅，夏光任十八旅参谋长。解放战争中，夏光参加了淮海、宿北、鲁南、莱芜、孟良崮、豫东、济南、渡江等重大战役。

中华人民共和国成立后，夏光任华东海军学校校长，海军联校、第二海军学校和第五海军学校校长。1958年到地方工作，先后在国有企业、高等学校任职。1980年，任中共江苏省委党史资料征集委员会副主任。夏光对沙家浜有着很深的感情，生前曾嘱咐女儿夏春秋：“在我百年之后，把我的骨灰安葬在沙家浜，陪伴逝去的战友，一起沐浴阳澄湖上的缕缕朝霞。”夏光于2012年1月22日走完了他不平凡的人生旅程，3月25日，他的骨灰被安放在了沙家浜这片他曾经战斗过的土地上。

谭震林在唐市使用过的笔筒

谭震林在唐市使用过的笔筒

沙家浜革命历史纪念馆藏。笔筒为瓷器，长方体，高11.5厘米，宽6.4厘米，正面为一幅花鸟画，反面为梅花和书的画面，寓意梅花香自苦寒来。另外两侧为书法，一侧为“花开红似锦鸟音巧如簧，时甲午之夏书于倚竹轩”。一侧为“古玩多名色，深藏太史家。高心田山鸟”。底座印有四个字：官窑内造。说明这件物品的制造年代可能是在清代晚期。这只笔筒，谭震林在常熟领导抗战期间曾使用过，尽管经历了岁月的烟尘，直到今天依然鲜艳，令人赏心悦目。2006年由常熟博物馆调拨给沙家浜革命历史纪念馆。

1940年4月，新四军第三支队副司令谭震林奉中共中央东南局和新四军军部命令，到苏南东路领导党、政、军全面工作。4月20日左右，谭震林率领一批干部到达常熟，于4月23至25日，在徐市附近举行会议，宣布成立东路军政委员会，将“江南抗日义勇军”改为“江南抗日救国军”，并成立江抗东路指挥部。谭震林任司令兼政委和政治部主任。在谭震林的领导下，东路地区掀起了抗日高潮，各项抗日事业大发展，建成苏常太抗日游击根据地。

1940年夏天的一段时间，谭震林在唐市宗戈村太阴庙办公，太阴庙殿上有高大的神像，神像后面有一小块空地，放了一只半桌，这就是临时办公处。晚上，谭震林住在下圩农民邓丙家，下圩是个转水墩，只有四五户农户，都是贫苦农民，很安全。在太阴庙办公时，谭震林不但阅读当时在东路地区发行的《江南》半月刊、《大众报》，还写了许多文章在《江南》《大众报》发表，为指导东路抗战发挥了重要作用。其间，常熟县人民抗日自卫会、苏州县人民抗日自卫会相继成立，谭震林的讲话稿就是在太阴庙的办公桌上完成的。

谭震林的办公条件非常简朴，办公桌上除了一叠文件、报纸，就是一只笔筒了。笔筒中常放有钢笔等文具用品。至1940年9月，新四军东路军政委员会西移澄锡虞地区，谭震林就再没有回到宗戈的太阴庙中了。而他在唐市使用过的笔筒，因为战事繁忙，来不及带走，留落在宗戈村一农民家里，后几经辗转，这只跟随谭震林见证了抗战风云的笔筒被常熟博物馆收藏。

刘飞体内取出的子弹

刘飞体内取出的子弹

苏州革命博物馆藏。铁质，外部已氧化，底直径0.7厘米，高2.8厘米。1993年苏州革命博物馆建馆征集文物时，刘飞的夫人朱一将这颗子弹捐献给苏州革命博物馆。2008年经苏州市文物鉴定专业委员会评审，定级为馆藏三级文物。

刘飞，原名刘松清，1905年生于湖北省黄安县八里区罗家田村贫苦农民家庭。1923年秋，刘飞背井离乡，南下汉口谋生。1927年参加黄麻起义。1930年1月率赤卫军参加中国工农红军，同年6月加入中国共产党。1932年10月初，红四方面军反“围剿”失败，被迫放弃鄂豫皖苏区，刘飞随部队踏上西征之路，后升任第十一师第三十一团第一营政治委员。红四方面军入川北后，创建川陕苏区，刘飞历任第三十一团政治处党团书记、第十一师政治部党团书记、第十一师第三十二团政治处主任等职务。1936年10月，红四、红一方面军二次会师，刘飞结束长征；次年8月，进入抗日军政大学第三期学习。

1938年初，刘飞如期结束学业，南下至新四军开展工作，任第三支队六团政治处主任。1939年4月，新四军第六团以“江南抗日义勇军”名义东进苏常东路一带进行抗日运动，刘飞任政治部主任。东进后首战黄土塘，夜袭浒墅关日军火车站，火烧日军虹桥机场，震动江南。8月，刘飞兼任江抗第二路政治部主任。江抗一路打击日伪军，扩大了共产党、新四军的影响。国民党军顽固派秉持反共主张，命令东路地区“忠义救国军”攻击江南抗日义勇军。为顾全抗日大局，保存军事力量，9月江抗奉命西撤。9月22日上午，江抗与“忠义救国军”在江阴顾山相遇，两军激战于顾山。在战斗中，刘飞带头冲锋，不幸左胸中弹（离心脏仅1厘米），身负重伤，被迅速送回至后方医院治疗。后方医院是流动医院，经常流动在横泾、陆巷等地，条件极为艰苦。刘飞伤情严重，限于医疗条件，嵌入肺部的弹头难以取出，一咳嗽就会吐血。后经党组织安排，被送至上海同仁医院治疗。刘飞在常熟养伤期间，边治疗边坚持斗争，与当地群众结下鱼水深情。

1939年，留在后方医院治疗的伤病员陆续康复。根据上级指示，决定以伤愈的伤病员为骨干，重建江抗部队，称“新江抗”，坚持原地斗争。1940年三月，刘飞伤愈后随谭震林重返常熟，担任新组建的江抗东路指挥部政治部组织科科长。皖南事变后，江抗正式改编为新四军第六师十八旅，刘飞任团长兼政委。之后，他历任新四军旅长、人民解放军师长、纵队副司令员、军长等职，为中国人民的解放事业作出了贡献。新中国成立后，刘飞曾任安徽军区司令员、上海警备区副司令员、南京军区顾问等职，1955年被授予中将军衔。

解放战争时期，刘飞曾向战地记者、军旅作家崔左夫介绍在苏南东路芦苇荡亢战的经历。1957年，解放军建军30周年之际，刘飞撰写了革命回忆录《火种》。后来，刘飞将其中的有关章节取名为《阳澄湖畔》，先后发表在上海《萌芽》等杂志上。同期，崔左夫进一步采访了这段革命历史，写了《血染着的姓名——36个伤病员斗争纪实》一文，这为后来创作沪剧《芦荡火种》提供了宝贵素材。闻名全国的现代京剧《沙家浜》就是在此基础上创作的。

留在刘飞胸膛的那颗子弹，后来一直伴随着他经历了无数次的战斗，直到1984年刘飞去世后，他的夫人朱一才将这颗子弹头取出。1993年10月1日，苏州革命博物馆隆重开馆，朱一应邀出席开馆仪式，这颗特殊的子弹头作为刘飞戎马一生的见证，成为无数后辈瞻仰的馆藏革命文物。

仲国鋆医寓（用品）

仲国鋆医寓（用品）

苏州革命博物馆藏。藏品共10件，包括写字台1张、医用立橱1只、榉木茶几1只、榉木靠背椅1对、藤椅1只、捣药石臼1只、熬药锅炉2件（1套）、医用消毒盒1只、印花镜子连框2块、医寓木门4扇（1套）。1942年10月，仲国鋆任苏州特派员，在苏州城内建了刘寿华医寓，以行医为掩护，寻找失去联系的党员，为恢复苏常太地区的工作做准备。他先后同30多名党员和统战对象接上了关系，并组织反“清乡”突围到苏州的同志开展游击活动。在苏州革命博物馆开馆前夕，他的后人将当时医寓的部分用品捐赠给苏州革命博物馆。2008年经苏州市文物鉴定专业委员会评审，定级为馆藏三级文物。

仲国鋆，1922年出生于常熟吴市，13岁开始学习中医，16岁时开办半半诊所。1937年，日军全面侵华，常熟沦陷，百姓惨遭屠杀，仲国鋆毅然弃医从戎。1938年10月，仲国鋆加入民抗部队。1939年，仲国鋆参与建立吴（市）徐（市）常备队并任军事指导员。他还担任了何市、归庄、吴市一带的秘密军事情报站的负责人，与陈关林、杨志欣一同建立起董浜、徐市、碧溪、吴市、横塘、何市、归庄、窑镇等地的军事情报交通联络网。1939年5月，仲国鋆受民抗司令任天石之命，回到吴市重启半半诊所，使之成为民抗司令部的一个情报联络站。1940年11月，仲国鋆加入中国共产党。

仲国鋆在抗日战争和解放战争时期曾任苏州、昆山、沙洲、太仓等县中共特派员。为了工作需要，仲国鋆不顾生命危险，在多地启用各种化名，开设多个诊所，以此为掩护，长期战斗在隐蔽战线。1941年下半年，日伪对东路抗日游击根据地进行“清乡”后，仲国鋆参与恢复苏常太地区的抗日斗争。1942年，仲国鋆任中共苏常太工委苏州县特派员，潜入汪伪江苏省会、“清乡”大本营苏州城，化名刘寿华，在苏州城小王家弄开设刘寿华医寓。苏州城内，日伪军、警、宪、特机关林立，危机四伏。他和其他地下工作者一同以行医为掩护，机智勇敢地出入虎穴，获取了大量情报，行走在刀斧丛中，战斗在敌人的心脏里。1945年3月，仲国鋆临危受命，孤身一人前往常熟吴市与病重的薛惠民交接工作、诊病送药。返回时途经周泾口被日军逮捕，受尽各种酷刑，但他誓死保守党的秘密。1945年8月，日本投降，仲国鋆出狱。他在老家短暂休养了两个月又继续投入新的战斗。次年6月，内战全面爆发。仲国鋆根据党组织派遣，再次以行医为掩护，任沙洲县特派员，继续从事党的秘密工作。新中国成立后，仲国鋆先后任常熟县副县长、常熟市市长、常熟县委代理书记、苏州专员公署办公室主任、苏州园林管理处处长等职。1992年病逝。

黄德清的宝剑

黄德清的宝剑

沙家浜革命历史纪念馆藏。金属器，长80厘米，宽4厘米，有锈蚀。为黄德清早期参加革命时使用过的武器。2017年，由黄德清儿子黄瑞国捐赠给沙家浜革命历史纪念馆。

黄德清，原名黄光烈，1900年生，福建宁德市蕉城区赤溪镇小坛村人。7岁时，因家庭贫困，只能为地主放牛、种田、干苦活。他受尽地主欺凌，不堪压迫，18岁逃离地主家，当脚夫、打短工，四方漂泊。1928年参加革命，1932年4月加入中国共产党。至1936年，黄德清在霍童、古田、屏南一带任游击队分队长，参加过官岭、八都、亲母岭等战斗。

1934年9月，中国工农红军闽东独立师在宁德支提寺成立，叶飞任政委，部队经历了三年游击战争。抗战全面爆发后，1938年1月，闽东红军独立师改编为新四军第三支队第六团。2月14日，新四军第三支队第六团在团长叶飞的率领下从福建屏南双溪、棠口出发，北上抗日，于4月初到达安徽岩寺。黄德清先后任新四军六团三营九连一排排长、第七连连长等职。1938年10月，第三支队第六团一、二营调至茅山由第一支队指挥。1939年5月，江抗东进到达阳澄湖地区。黄德清随部队参加过夜袭浒墅关、虹桥机场等战斗。当年9月，江抗西撤时，由于伤病，黄德清和其他几十位伤病员一起留在江抗后方医院接受治疗。新江抗以留下的伤病员为基础成立后，黄德清作为主要成员继续在江南抗日。解放战争时期，黄德清参加了淮海战役、解放上海等战役。立一等功、二等功、三等功各1次。黄德清在战斗中多次负伤，脚趾被打碎，手掌、膝盖被打穿；左胫、颈部、胸部、小腿四处有伤口。1950年，黄德清从南京转业回福建，在家乡参加土改，曾任赤溪土改队队长、县委特派员。他积极发动群众斗地主、斗土豪，领导分田分地，为完成土改作出贡献。1951年至1960年任宁德霍童区区长，1960年6月任宁德县棕麻厂厂长。1984年3月离休，仍参加劳动，为家乡的公益事业操劳。1993年病逝。

任增使用过的望远镜

任增使用过的望远镜

沙家浜革命历史纪念馆藏。望远镜有牛皮盒套，由金属、镜片合成，长23厘米，宽16厘米，高15.4厘米，望远镜后端的一侧印有4A-7-1025-5-46等数字，另一侧印有两行英文文字，说明这只望远镜是战争年代从国外进口至国内的。皮套及望远镜都是黑色。2021年4月，由任增子女任军、任翔、任秋捐赠给沙家浜革命历史纪念馆。

任增，1914年出生，常熟梅李人，任天石堂弟，1938年4月参加革命，1940年10月加入中国共产党。抗日战争时期，先后任常熟人民抗日自卫队第一大队一分队班长、江抗三路二支队副连长、江抗五支队侦察员、民抗司令部副官、新四军六师后方留守处军需、新四军六师五十五团供给处军需、五十五团军需主任、新四军六师供给部军需、新四军六师五十二团供给部主任、苏中军区江都独立团供给处主任、新四军六师十八旅供给部粮秣股股长、苏浙军区三纵队供给部粮秣股股长等职。

解放战争时期，任增历任新四军一师三旅旅部供管股股长、新四军一师三旅供给部副部长、华东军区四纵队十二师供给部副部长、华东军区四纵队十二师供给处处长、二十三军六十九师供给处处长等职。参加过浙江天目山反顽战，苏中、鲁南、睢杞、淮海、渡江等战役、战斗。

新中国成立后，任增一直在军队后勤部工作，历任二十三军供给部副部长、二十三军供给部部长、华东军区后勤部油料部工务处处长、华东军区后勤部油料部上海油料处处长、南京军区后勤部油料部副部长、南京军区后勤部油料部部长、南京军区后勤部运输部部长、南京军区后勤部军事运输部部长等职。1955年被授予上校军衔，获三级独立勋章、三级解放勋章。1988年荣获中国人民解放军独立功勋荣誉章。1996年逝世。

叶飞在阳澄湖上的照片

叶飞在阳澄湖上的照片

沙家浜革命历史纪念馆藏。纸质，纵8.9厘米，横12.7厘米，这是1939年6、7月间，叶飞率部行进到苏常地区，在过阳澄湖时拍摄的照片。照片上有四条船并排行进着，十几位战士分散在船上，远处还有几条船在湖面上，照片上的叶飞反手相背，脸上露出灿烂的笑容，周围的战友有的坐在船舱里，有的坐在甲板上，他们或整理物品，或低头说话，还有五六位战士正整齐地看向拍摄照片的人，一群年轻的战士在阳澄湖上留下了青春的印记。该照片是20世纪90年代由叶飞捐赠给沙家浜革命历史纪念馆的。

叶飞（1914—1999），原名叶启亨，曾用名叶琛。祖籍福建省南安县，生于菲律宾。1918年归国，1926年起先后就读于厦门中山中学和省立第十三中学。1928年，叶飞加入中国共产主义青年团，1932年转入中国共产党，后到闽东地区参与创建苏区和建立游击队。1935年起，叶飞任中共闽东特委书记、闽东军政委员会主席兼红军闽东独立师政治委员，领导军民坚持了极其艰苦的三年游击战争，其间，多次挫败国民党军的“清剿”。

抗战全面爆发后，闽东独立师改编为新四军第三支队六团，叶飞任团长。1938年2月14日，叶飞率部踏上了北上抗日征途。部队在皖南新四军军部经过短期整训后，于1938年10月奉命进入茅山地区，归属新四军第一支队建制，开展游击战争。

1939年5月，叶飞率第六团以江抗名义东进。江抗穿越京沪铁路、锡澄公路，进入苏南东路地区，于5月8日到达江南特委驻地无锡梅村。5月14日，部队到达阳澄湖畔，与坚持抗日的常熟民抗、新六梯团等地方抗日武装会师。6月中旬，叶飞召开排以上干部会议，要求指战员们主动出击苏州、无锡之间的京沪铁路和京杭运河上的重要关隘——浒墅关火车站。24日傍晚，江抗发动夜袭，击毙日军警备队长等20多人，烧毁营房2座，炸毁铁路轨道100多米，迫使京沪铁路一度中断。江抗在苏常地区采取了一系列军事行动，沉重打击了日伪顽匪，受到地方党组织和人民群众的热烈欢迎，极大地鼓舞了东路地区人民抗战必胜的信心和斗志。1939年6月底，叶飞率江抗总指挥部先后移驻阳澄湖畔的太平桥及常熟唐市。

江抗以常熟为基地，向太仓、嘉定、青浦、昆山挺进，直至上海近郊虹桥机场。7月下旬，叶飞到达青浦观音堂，在朱家花园召开了由江抗和当地党组织、抗日武装领导人参加的联席会议。7月底，叶飞率江抗主力回师常熟。江抗创造性地执行了“向东作战”“筹集人、枪、款”的战略方针，到8月底，江抗已由刚东进时的1000多人迅速发展到5000多人，编有4路和2个机枪连，武器装备也得到极大改善和加强。

这张照片就是当年叶飞率部东进的珍贵记录。

后　记

红色文物蕴藏不变初心，红色故事映照如磐使命。党的十八大以来，习近平总书记始终高度重视革命文物的保护和利用工作，发表了一系列重要讲话。为更好地让革命文物说话，让红色基因得到传承，2022年初，中共常熟市委党史工作办公室启动《常熟红色文物》的编写工作。

常熟作为革命老区，红色文化资源丰富。在革命战争年代，中国共产党领导常熟人民进行了一系列轰轰烈烈的革命和斗争，留下了一大批宝贵的革命文物，既有不可移动的革命旧址、旧居，又有众多可移动的器具、工具、文献等，这些红色文物承载和记录了常熟革命历史的重大事件和人物活动，蕴含常熟革命先辈的崇高理想和坚定信念，凝聚了中国共产党人的革命精神和道德情操，是弘扬革命传统和革命文化、加强社会主义精神文明建设、激发爱国热情、振奋民族精神的生动教材。为此，2022年，市委党史工办在全面普查的基础上，组织编写了全面记录我市不可移动红色文物和教育场所的《红色印迹——常熟市党史教育阵地巡礼》。此次编修的《常熟红色文物》则选取与常熟革命历史和人物相关，收藏在博物馆、纪念馆等处的红色文物，以图文并茂的方式展示文物和背后的革命历史，挖掘常熟红色文化，从而宣传革命精神，传承红色基因。限于篇幅和代表性等方面的考虑，本书收录的红色文物只是目前馆藏的部分藏品。

本书的编纂得到了常熟博物馆、常熟市档案馆、沙家浜革命历史纪念馆、常熟图书馆、苏州革命博物馆和南京雨花台烈士纪念馆等单位和相关人士的大力协助和支持，他们为本书提供了珍贵的文物资料和图片，在此表示衷心的感谢。

由于编写人员的学识水平、史料掌握的局限等因素，本书的体例结构、文字表述、图片拍摄等方面都存在不尽如人意之处，诚请专家学者和广大读者批评指正。

编者

2022年12月